浙江省珍贵历史地质资料图录

ZHEJIANG SHENG ZHENGUI LISHI DIZHI ZILIAO TULU

赵文艳　贾国锋　方慧娥　等编著
吕　剑　金仲平　方浩亮

中国地质大学出版社
CHINA UNIVERSITY OF GEOSCIENCES PRESS

图书在版编目(CIP)数据

浙江省珍贵历史地质资料图录/赵文艳等编著.—武汉:中国地质大学出版社,2024.11.—
ISBN 978-7-5625-5998-6

Ⅰ.G275.3-64

中国国家版本馆 CIP 数据核字第 2024MK1966 号

浙江省珍贵历史地质资料图录	赵文艳 贾国锋 方慧娥	等编著
	吕 剑 金仲平 方浩亮	

责任编辑:武慧君	选题策划:周 旋	责任校对:徐蕾蕾
出版发行:中国地质大学出版社(武汉市洪山区鲁磨路388号)		邮编:430074
电 话:(027)67883511	传 真:(027)67883580	E-mail:cbb@cug.edu.cn
经 销:全国新华书店		http://cugp.cug.edu.cn
开本:787 毫米×1092 毫米 1/16	字数:187 千字	印张:9.25
版次:2024 年 11 月第 1 版	印次:2024 年 11 月第 1 次印刷	
印刷:湖北金港彩印有限公司		
ISBN 978-7-5625-5998-6		定价:128.00 元

如有印装质量问题请与印刷厂联系调换

《浙江省珍贵历史地质资料图录》
编委会

主　　任：邵向荣
副 主 任：叶忠华　胡小平
编　　委：（按拼音排序）
　　　　　孔潇潇　刘才荣　王成锡　杨建梅
　　　　　俞康春　赵神祖　朱　敏

主　　编：赵文艳　贾国锋　方慧娥
副 主 编：吕　剑　金仲平　方浩亮
编　　者：邹　霞　李　燕　黄　飞　邬祥林
　　　　　孙　婧　胡伟斌　高三贵　陈　缘
　　　　　叶嘉悦　章娟娟　李子茜　金　葵
　　　　　叶　斌　陈国正

1958年,地质部华东地质局浙江办事处改名为浙江省地质局,新增设地质资料处,浙江省地质资料管理事业正式起步。至1993年,浙江省地质矿产厅内部机构调整,实行政事分离,浙江省地质资料档案馆成立。该馆是浙江省唯一的省级地质资料馆藏机构,馆藏成果地质资料13 409档、原始地质资料1073档,共计23万余件,总排架长度2268延米,最早的地质资料可追溯到20世纪初,1960年以前形成的历史地质资料有1000余档。

为保护珍贵的历史地质资料,展示浙江省地质事业发展壮大的历史,同时缅怀献身祖国地质事业的地质先辈们,弘扬地质"三光荣"精神,浙江省地质资料档案馆组织整理地质史料档案,掇菁撷华,从馆藏地质资料中精选出82档珍贵、清晰、完整的资料,同时,联合全国地质资料馆,从其保管的涉及浙江省的历史地质资料中精选出65档,编纂形成《浙江省珍贵历史地质资料图录》。

《浙江省珍贵历史地质资料图录》分为4个部分。第一部分是早期浙江省地质矿产调查,第二部分是地质矿产调查支持抗战,第三部分是地质矿产调查助力新中国建设,第四部分是大师文章。

浙江省地质事业已经历百年风雨。再睹镂刻着时代印痕的纸页,我们发现,那些地质报告里凝聚着地质先辈们高尚的家国情怀,那些图件图表里蕴藏着他们严谨的治学态度,那些著作论文里饱含着他们的真知灼见。追昔抚今,我们愈加感佩地质先辈们的报国情操和奉献精神,愈加坚定自己的责任和使命,愈加坚信祖国地质事业必将更上一层楼。

百年地调,薪火相传,报国精神,永不凋零。站在新百年的起点,地质工作者们要承前启后,以习近平新时代中国特色社会主义思想为指导,发扬地质先辈们为祖国建设发展呕心沥血的爱国情怀,弘扬为地质科学发展孜孜以求的科学精神,用执着奉献、顽强拼搏、坚持不懈、精益求精来诠释地质工作者报效国家、服务人民的壮志,为地质事业发展再立新功,为祖国繁荣昌盛添砖加瓦!

编著者
2024 年 11 月

第一部分　早期浙江省地质矿产调查 ·················· (1)

1　黄龙洞生成观 ·· (2)

2　浙江杭州西湖地质报告 ·· (3)

3　临海县大斗山笔架山铜矿及附近铜铅各矿调查报告书 ········ (4)

4　浙江瑞安平阳铁矿 ·· (5)

5　浙江永嘉瑞安平阳青田玉环各县矿产 ···························· (6)

6　浙江青田钼矿 ·· (7)

7　浙江永嘉铅锌矿 ·· (8)

8　调查浙江诸暨县小东乡捣臼湾锌矿报告 ························ (9)

9　杭州西湖成因一解 ·· (10)

10　调查浙江地质简报 ·· (11)

11　浙江省矿产调查报告书 ·· (12)

12　浙江省长兴吴兴武康等县地质矿产调查报告 ················ (13)

13　浙江省富阳桐庐建德兰溪汤溪龙游衢州常山江山等县地质矿产调查报告 ·· (14)

14　浙江省遂昌松阳青田三县矿产及奉化银山冈铅矿调查报告 ·· (15)

15　浙江省新昌县嵊县象山县弗石矿调查报告 ···················· (16)

16　浙江西北部地质 ·· (17)

· Ⅲ ·

17	浙江建德淳安二县间之铁矿	(19)
18	浙江长兴吴兴武康德清余杭五县地质	(20)
19	浙江泰顺景宁云和龙泉庆元等县地质简报	(22)
20	调查昌化县磁土及锑矿报告等	(23)
21	浙江青田县之印章石	(24)

第二部分 地质矿产调查支持抗战 ········· (25)

22	浙江矿产调查所汇报(第二号)	(26)
23	浙江杭江铁路沿线矿产	(27)
24	勘察宣平弄坑银矿	(28)
25	飞来峰石灰岩之研究	(29)
26	浙江中部地质	(30)
27	浙江省矿产调查表	(31)
28	长兴油田之钻探计划	(32)
29	浙江长兴煤田四亩墩矿内油苗之发现	(33)
30	长兴煤田地质报告	(34)
31	浙江平阳矾山地质简报	(36)
32	浙江省地质纪要	(37)
33	浙江中部及西南部地质矿产报告	(38)
34	建德铜官铁矿之新估价	(39)
35	浙江义乌东南部弗石矿地质	(40)
36	诸暨变质岩系之锌铅矿床	(41)
37	浙江东部之地质	(42)
38	浙江之矿产	(43)
39	浙江矿产志	(44)
40	浙江长兴县煤田地质	(45)
41	杭县北乡东山萤石矿调查概况报告	(47)
42	浙江省长兴煤田地质	(48)
43	浙江黄岩县沈岙乡黄铁矿调查报告	(50)
44	浙江省平阳县的明矾石	(51)

第三部分　地质矿产调查助力新中国建设 (53)

45　钱塘江上游侏罗纪煤田简报 (54)
46　浙江江山礼贤煤田地质述要 (56)
47　浙江绍兴漓渚市磁铁矿简报 (58)
48　中国东南部石灰岩说明 (59)
49　常山南部东部和衢县西部的侏罗纪煤田地质 (61)
50　开发浙江长兴煤田的我见 (62)
51　浙江宁海县沙地铅矿简报 (64)
52　诸暨探矿总结 (66)
53　浙江江山县清湖区钴土矿调查简报 (68)
54　浙江龙游县溪口黄铁矿调查报告 (69)
55　浙江省遂昌县治岭头黄铁矿复勘简报 (70)
56　浙江余杭县闲林埠钼矿报告 (72)
57　青田东山方铅矿调查报告 (73)
58　浙江省绍兴县漓渚铁矿区初步地质勘探总结报告 (74)
59　浙西淳安威坪磷矿区放射性元素顺便检查报告 (75)
60　武义永康区萤石矿产报告 (76)
61　浙江象山县五狮山萤石矿 (77)
62　浙江江山萤石矿简报 (78)
63　杭州石灰石 (80)
64　浙江省硫铁矿摘要调查报告 (82)
65　义乌萤石矿简报 (83)
66　浙江中部的萤石矿 (85)
67　浙江省武义县氟石矿调查报告 (86)
68　江山西南郊水泥原料查勘总结 (87)
69　青田山口区叶蜡石矿踏勘报告 (88)
70　浙江瑞安仙岩矾矿普查小结 (89)
71　调查诸暨蟹坞潭水仓地质报告 (91)
72　钱塘江流域水力发电计划坝址地质报告 (93)

73	对浙江浦阳江安华水库意见	(94)
74	浙江乌溪港黄坛口建设水力发电的工程地质	(95)
75	浙江衢县湖南坝基地质述要	(97)
76	新安江流域水库坝址的工程地质初步报告	(98)
77	浙江省临安县桥东村苕溪水库及坝址地质	(99)
78	对于继续探勘罗桐埠坝址的意见	(100)
79	对于勘探铜关坝址的意见	(101)
80	浙江新安江水力发电工程地质初步勘察简报	(102)
81	黄坛口坝址附近地质勘探报告	(103)
82	浙江北部地质构造的轮廓	(105)
83	杭州湾地形述要	(106)
84	钱塘江下游地质之研究	(107)
85	浙江省之矿产资源	(108)
86	《浙江地质》第一号	(109)
87	浙江省之地层	(111)
88	浙江青田永嘉一带有色金属矿产简报	(112)
89	《浙江地质》第二号	(113)
90	浙江地史概要	(115)
91	浙江省地质调查所三年来工作总结报告	(116)
92	浙西安吉孝丰武康等县普查简报	(117)
93	浙西古生代地层新见	(118)

第四部分　大师文章 (119)

黄龙洞生成观 (120)

杭州西湖成因一解 (123)

浙江之矿产 (127)

浙江青田县之印章石（节选） (133)

第一部分 早期浙江省地质矿产调查

浙江省地质矿产调查始于19世纪上半叶，当时中国国门打开，西方人陆续来到中国，以探险之名，开始在浙江省展开地质调查和资源勘察。直到20世纪初，浙江省才开始了自己的地质矿产调查。1903年，鲁迅先生发表《中国地质略论》，指出"而吾浙矿产，本逊他省，复以外族入室，罗掘一空，工商诸业，遂难优胜，于是失败迭来，日趋贫病。呜呼！浙人而不甘分致戒之诮也，其可不谋所以挽救之者乎。"1906年，鲁迅与顾琅合著《中国矿产志》，其中列有浙江省16类矿种，72处矿产地。这两份宝贵资料是最早的中国学者对浙江省矿产的论述。随后，章鸿钊、丁文江、叶良辅等开始对浙江省进行初步地质调查。1913年，地质研究所成立，中国开始自己培养地质人才，研究所重视野外地质考察，师生涉足浙江大地。1924年，浙江省实业厅成立地质办事处，至此，浙江省开始拥有地质机构，独立开展地质调查。1927年，浙江省建设厅成立浙江省矿产调查委员会，次年设立浙江省建设厅矿产调查所，开始有序开展全省矿产资源和地下水的调查，浙江省地质工作开始了新征程。1932年，浙江省建设厅矿产调查所更名为矿产事务所，以调查矿物为要务，支持国防经济建设。

从学者个人勘察、地质研究所师生调查，到浙江省的政府地质调查机构调查，从浙西、浙北调查到浙东、浙南调查，浙江省地质矿产调查范围逐步扩大，调查内容涵盖地层、构造、矿产，以及矿产地质背景、矿床成因等，地质调查工作逐步开展起来。

1 黄龙洞生成观

【资料简介】

由章鸿钊编著,浙江省地质资料档案馆收藏,档号为169。资料形成时间为1909年,内文为抄录稿,共6页。

作者1909年回乡省亲,游名胜黄龙洞,著此文。历代游记多记形胜、雄奇,未涉及岩质及生成原因,而该文详细论述了黄龙洞的地质构造、岩质、生成原因等,以地质学原理、方法解释地方志中的轶闻传说及地理现象。

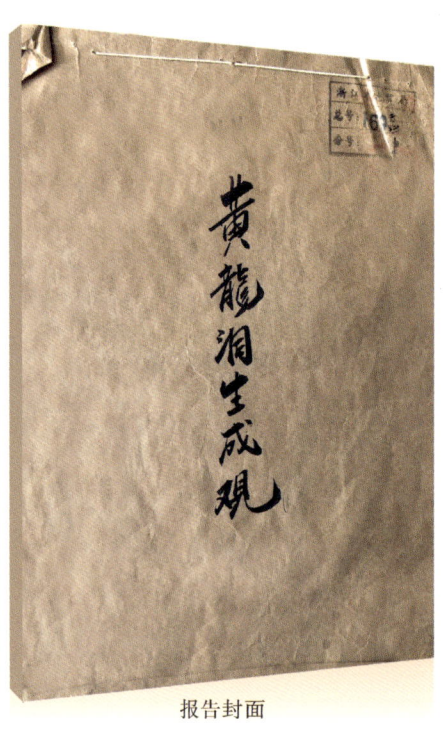

报告封面   报告首页

2　浙江杭州西湖地质报告

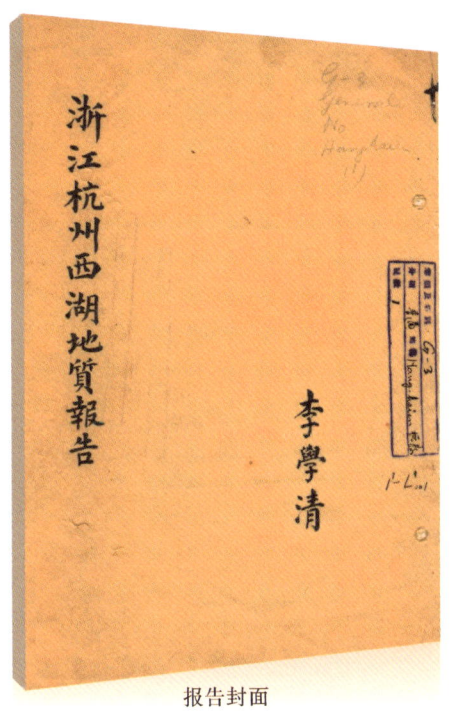

报告封面

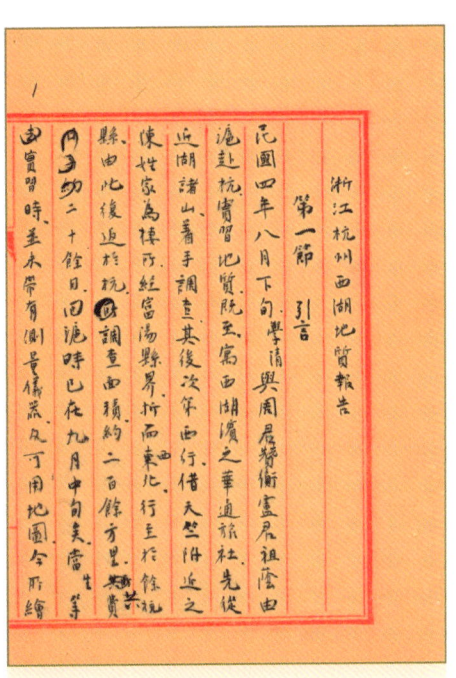

报告首页

【资料简介】

　　由李学清编著,全国地质资料馆收藏,档号为9291。资料形成时间为1915年8月,内文为毛笔手书,共65页。

　　作者同周赞衡、卢祖荫二君在西湖地区调查了20多天,调查面积约为50平方千米。报告包括引言、地形、岩石、层次、地史、丁家山与唐坞里之煤矿、午潮山附近之山扑陇铁矿、构造地质和结论。作者在结论部分对比了我国北部和南部的地史与产出矿产差异。

3 临海县大斗山笔架山铜矿及附近铜铅各矿调查报告书

【资料简介】

由李彬编著,全国地质资料馆收藏,档号为1077。资料形成时间为1915年12月,内文为毛笔手书,共12页。浙江省地质资料档案馆存有复制件,档号为140。

该报告主要介绍了位于临海县①境内的大斗山铜矿和笔架山铜矿,指出两处铜均发现于山之腰部,平均含铜品位为3%～4%,两矿赋存于中生代岩浆岩,铜脉生于绿色岩(岩石种类需经显微镜观察后确定)与花岗岩接触之处,矿脉走向为北偏西30度,倾向北东,倾角45度。硫化铜矿石表面有绿色氧化铜,含铜品位为41.98%,大斗山天然铜含少量硫化铜,含铜品位为3.17%～6.98%,绿色矿石含铜品位为3.41%,赭色氧化铜含铜品位为3.27%～6.59%,铁质极多。作者认为若因势利导,则本地矿业发展有望。

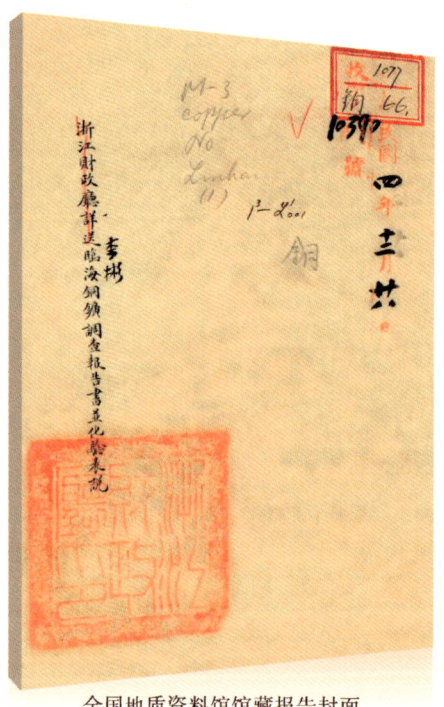

全国地质资料馆馆藏报告封面

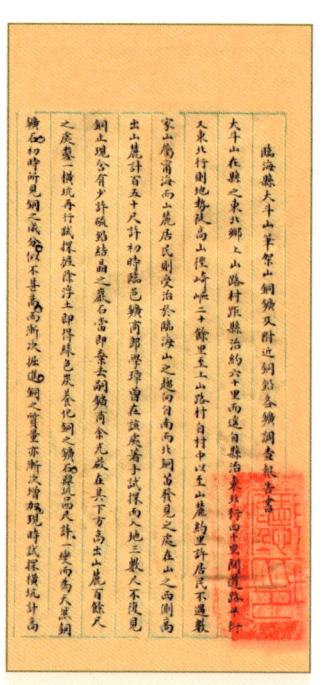

全国地质资料馆馆藏报告首页

---

① 时称临海县,后文中提及的地名均指对应资料中所记载的地名。

4　浙江瑞安平阳铁矿

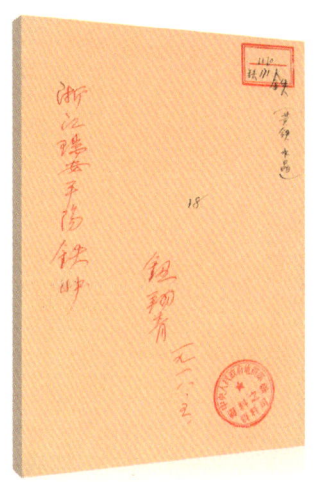

全国地质资料馆馆藏报告封面

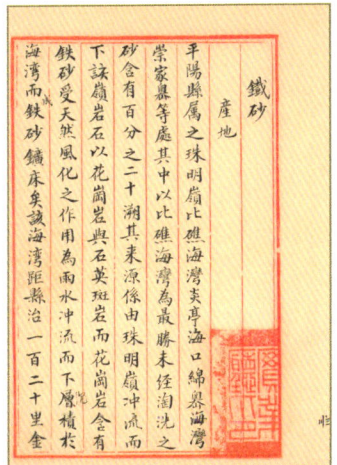

全国地质资料馆馆藏报告首页

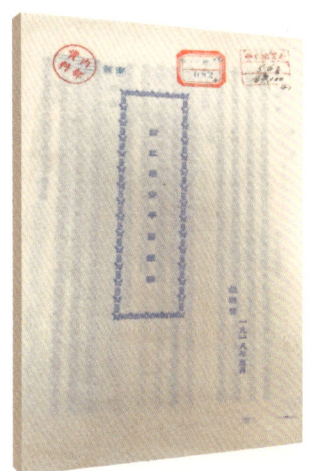

浙江省地质资料档案馆馆藏报告封面

【资料简介】

　　由钮翔青编著，全国地质资料馆收藏，档号为1170。资料形成时间为1918年5月，内文为毛笔手书，共18页。浙江省地质资料档案馆存有油印版，档号为2。

　　作者系清宣统三年进士，在长兴煤矿、江山煤矿任职多年，对浙江矿产资源多有研究。本文是瑞安平阳地区铁矿的调查研究成果。作者在文中对矿产地、铁质、冶炼工艺(土炉法、熔炼法、风箱法)等进行了详细论述。

5 浙江永嘉瑞安平阳青田玉环各县矿产

【资料简介】

由钮翔青编著,全国地质资料馆收藏,档号为2057。资料形成时间为1918年5月,内文为毛笔手书,共12页。

调查表列出6个铅矿区、1个锌矿区、2个铅锌矿区、2个钼矿区、10余个黄铁矿和水晶等其他矿区。开采中的矿区仅有石平川村钼矿区,其他矿区均是开采后停工或者因为矿质不良、交通不便、资金不足、人才缺乏等未开采。钼矿集中在青田县十一都,矿区绵延5千米。距孙溪30千米处又有铅矿、锌矿,铅锌矿延至永嘉县二十七都一带约10千米,距温溪约15千米。可先勘察矿质、计算矿量,再解决交通运输问题,设铁路或规划水运运输至温州、上海等地。

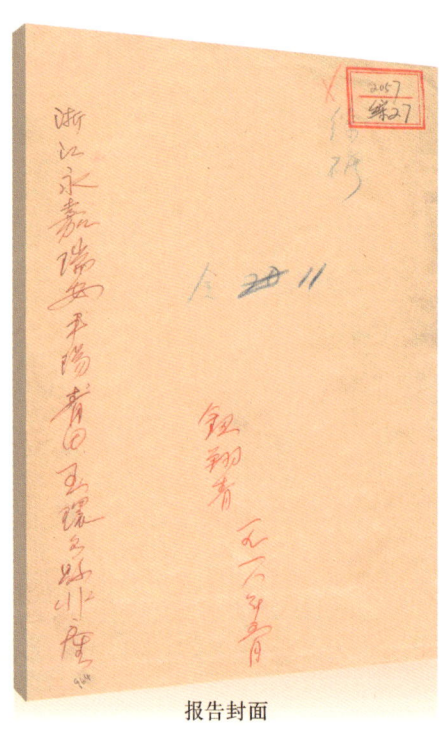

报告封面　　　　　　　　报告首页

6 浙江青田钼矿

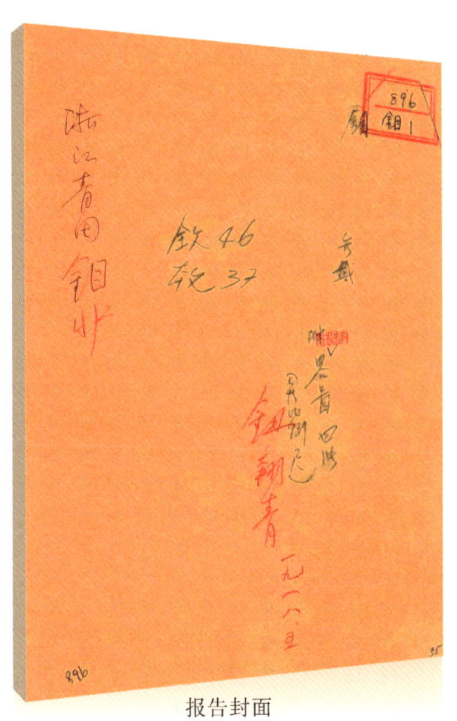
报告封面

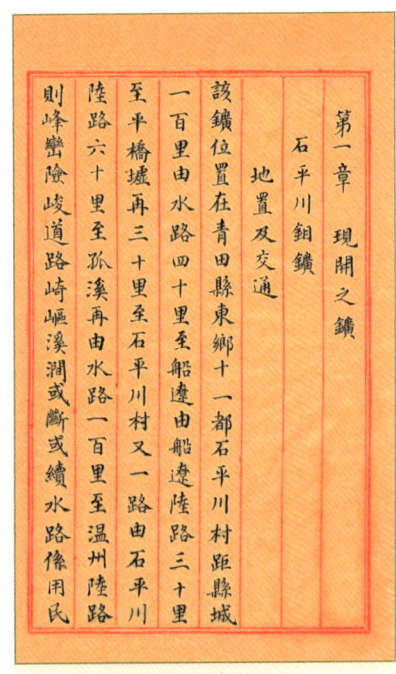
报告首页

【资料简介】

由钮翔青编著,全国地质资料馆收藏,档号为896。资料形成时间为1918年5月,内文为毛笔手书,共46页。

作者调查了石平川钼矿、前山铅矿、大双坑锌矿、郑山铅矿、塘后山铅黄铁矿、上珑山钼矿、贵山铅矿、孙坑铅锌矿和小大岭铅矿等。其中前山铅矿、横田庆铅矿为停办矿山;大双坑锌矿、郑山铅矿、塘后山铅黄铁矿、上珑山钼矿、贵山铅矿、孙坑铅锌矿、小大岭铅矿为未开采矿山。报告论述了矿区位置、地质及矿床特征等内容。该报告内附《石平川村横坑钼矿略图》《石平川莎硐坑钼矿略图》《青田县上珑山钼矿略图》。

7 浙江永嘉铅锌矿

【资料简介】

由钮翔青编著,全国地质资料馆收藏,档号为897。资料形成时间为1918年5月,内文为毛笔手书,共24页。浙江省地质资料档案馆存有油印版,档号为3。

矿区位于永嘉县城二十七都(度),距县城65千米,交通不便。矿区由花岗岩、石英斑岩构成。矿体赋存于石英斑岩间。作者对前山铅矿、横田庆铅矿、披山铅锌矿、大双坑锌矿、郑山铅矿、塘后山铅黄铁矿、贵山铅矿、孙坑铅锌矿、小大岭铅矿进行了调查论述。该报告内附《永嘉县前山铅矿略图》等8张图件。

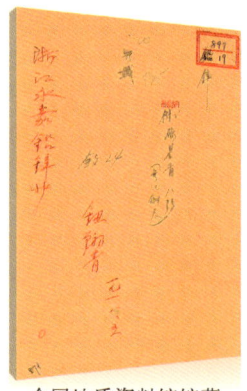

全国地质资料馆馆藏报告封面

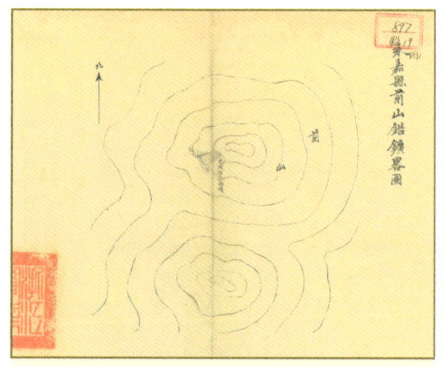

全国地质资料馆馆藏报告附图

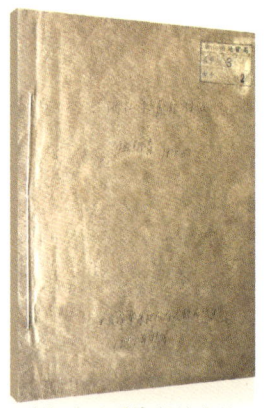

浙江省地质资料档案馆馆藏报告封面

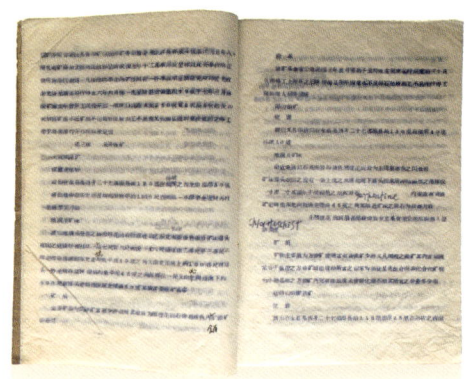

浙江省地质资料档案馆馆藏报告内页

8 调查浙江诸暨县小东乡捣臼湾锌矿报告

【资料简介】

由叶良辅编著,全国地质资料馆收藏,档号为1065。资料形成时间为1919年,内文为毛笔手书,共9页。浙江省地质资料档案馆存有油印版,档号为4。

报告论述了诸暨县小东乡捣臼湾锌矿的位置及交通、地质及矿床、矿质及矿量等。捣臼湾锌矿位于诸暨县城东南35千米处,附近山体森林、浮土多,露头少。矿区岩石为杂色砂岩夹砾岩,矿石矿物为闪锌矿,共生矿物为黄铁矿、含铜黄铁矿,脉石为方解石,矿脉宽3米、长10米,矿质结晶微细,内夹黄铁矿较多,含锌约20%。附近尚有桥麦湾、唐里坞、斯泽、溪矿银坑等锌矿区。

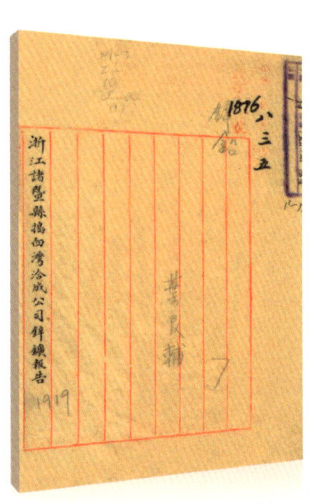

全国地质资料馆馆藏报告封面

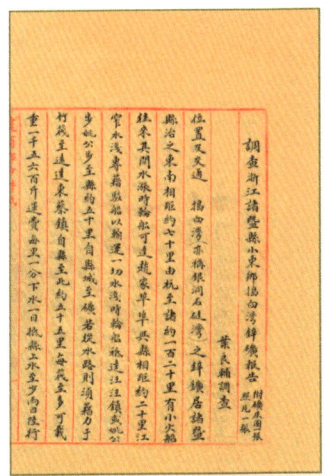

全国地质资料馆馆藏报告首页

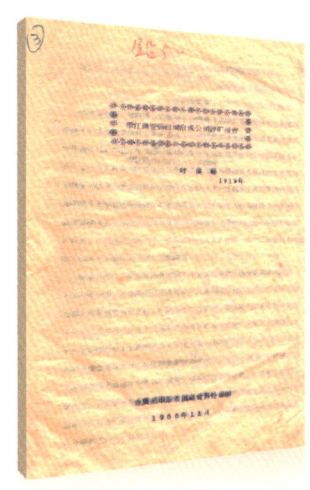

浙江省地质资料档案馆馆藏报告封面

9　杭州西湖成因一解

【资料简介】

　　由章鸿钊编著,浙江省地质资料档案馆收藏,档号为173。资料形成时间为1924年4月,内文为抄录稿,共8页。

　　此文刊于《中国地质学会志》,简述了当时杭州湾的地形现状。杭州湾以闸口为界,以上为江流作用带,小尖山至闸口为江流、潮流混合作用带,小尖山以下全为海流作用带。形成杭州湾地形的主要因素有风浪、潮流、江流、塘岸与孤立地。海岸现象在沉积方面表现有苏浙平原,慈溪、上虞、余姚三县以北的三北平原,南沙半岛,新月形边滩,陆连岛,隐砂;侵蚀方面表现有海蚀崖、海蚀台、显礁等。另外作者还对海滨平原上海岸深化、海门之变作了论述。

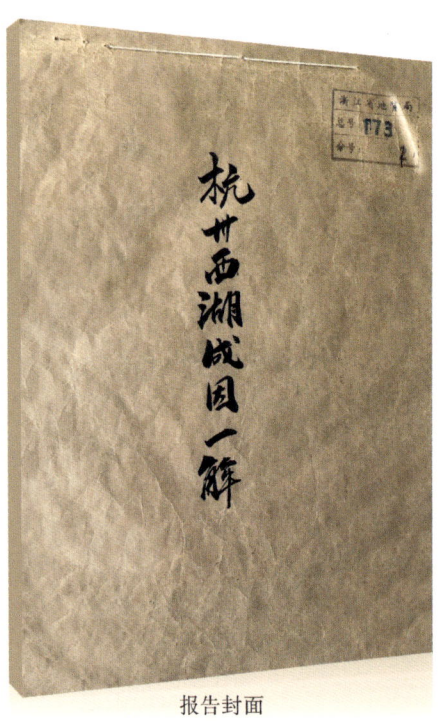

报告封面　　　　　　　　　报告首页

10 调查浙江地质简报

全国地质资料馆馆藏报告封面

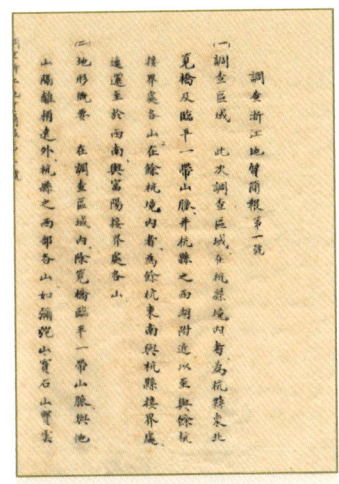

全国地质资料馆馆藏报告首页

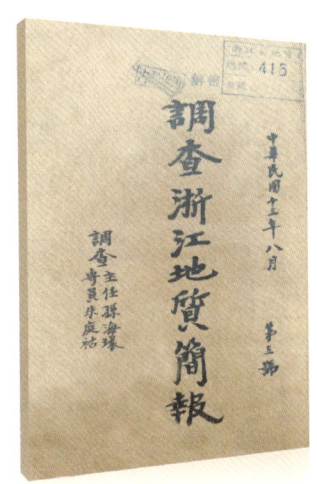

浙江省地质资料档案馆馆藏报告封面

【资料简介】

由朱庭祜、孙海环编著，全国地质资料馆收藏，档号为9263。资料形成时间为1924年8月，内文为毛笔手书，共16页。浙江省地质资料档案馆存有油印稿，档号为5。

该报告详述了浙江桐庐、分水、昌化、於潜及临安境内地形、地层、构造、矿产等情况，并编制了地层表，包括倒水坞层、印渚埠层、荆山层、老和山层、飞来峰层、小坞里层、岩坞里层、岩山层、冲积层，绘制了4幅地层剖面图（1∶5万）。论述了所见金属矿床（昌化县九都东山坪锑矿、十二都马哨湾铜矿）、非金属矿床[桐庐皇甫家煤矿，分水、於潜等县煤矿，昌化康山玉石矿（鸡血石矿）]相关调查成果。

11 浙江省矿产调查报告书

【资料简介】

由宋雪友、屠宝章编著,浙江省地质资料档案馆收藏,档号为9。资料形成时间为1928年11月,内文为铅印版,共120页。报告内附1幅图。

作者带队在浙江省开展矿产调查,历时5个月,行程约4850千米,共勘察已停产矿点99处、开采中的矿点8处,发现矿苗12处,对煤矿、铁矿、锰矿、铅银矿、铅矿、铅锌银矿、锑矿、钼矿、铜矿、硫铁矿、萤石矿、矾石矿等矿种的分布、质量、矿床地质等作了介绍,并详述了71处矿点的交通位置、矿床特征、开发历史、生产过程、销售状况等。报告中提到的重要矿点有诸暨铜岩山铅锌矿,青田钼矿,冶岭头黄铜矿、硫铁矿,建德西铜官铜矿,平阳矾山街矾石矿,苔湖矾矿。这些矿点经后人工作证实,均有中小型以上的矿床规模。

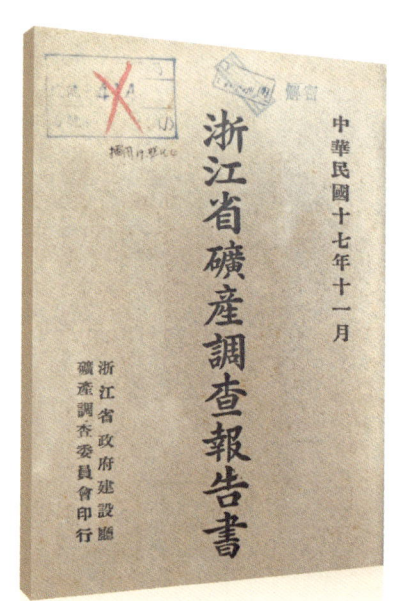

报告封面

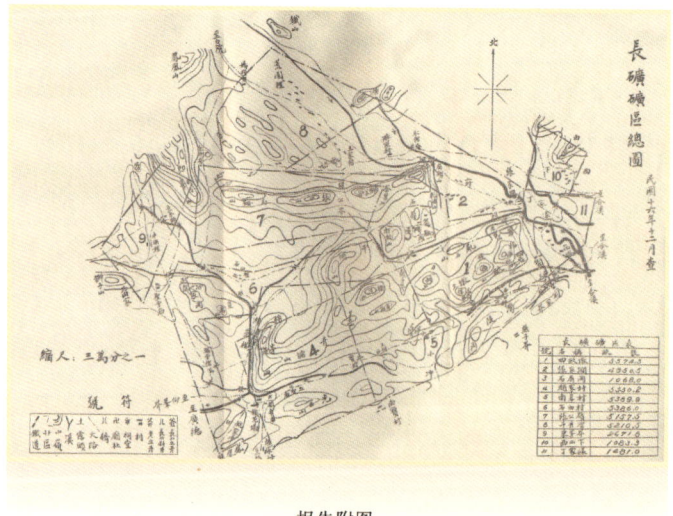

报告附图

12 浙江省长兴吴兴武康等县地质矿产调查报告

【资料简介】

由陈大受、袁师汾编著,浙江省地质资料档案馆收藏,档号为10。资料形成时间为1929年,内文为铅印版,共19页。全国地质资料馆存有圆珠笔手书稿,由宁佐忠人翻译,档号为4376。

此文系作者对长兴县、吴兴县(今湖州市)、武康县(今德清县)的踏勘考察报告。作者以考察有无矿产为主要目的,分析区域内地形、地层、构造,从位置、矿床地质、矿石质量等方面介绍了14个矿点,并提出了试探计划,认为三县矿产以煤、铁、铜及建筑石料为主,长兴煤铁、武康铜矿具备开采价值。

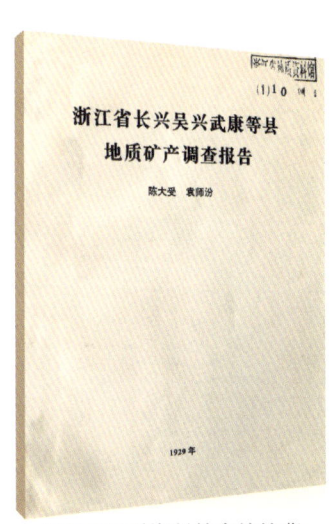

浙江省地质资料档案馆馆藏
报告封面

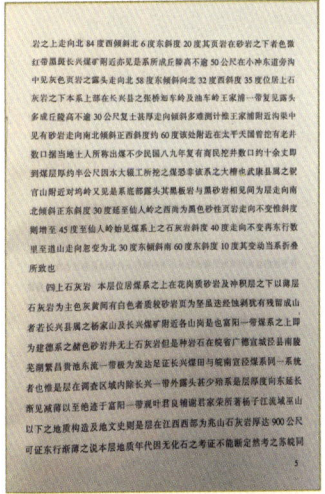

浙江省地质资料档案馆馆藏
报告内页

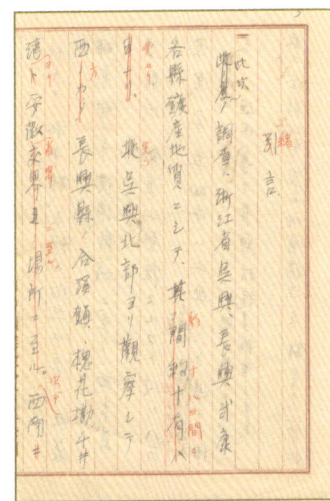

全国地质资料馆馆藏报告首页

13 浙江省富阳桐庐建德兰溪汤溪龙游衢州常山江山等县地质矿产调查报告

【资料简介】

由陈大受、宋雪友、袁师汾编著，全国地质资料馆收藏，档号为2574。资料形成时间为1929年，内文为圆珠笔手书，共12页。浙江省地质资料档案馆存有油印版，档号为12。

兹值政府计划修建杭江铁路，作者对铁路沿线可能涉及的区域，包括富阳、桐庐、建德、兰溪、衢州、常山、江山等地进行了初步调查。从地形、地层、构造等方面概述了区内地质构造情况，并对礼贤煤矿、常山南门乡收字庄煤矿、兰溪八角井茅长塘一带煤田、建德铜官村铁矿、常山七都银精洞铅矿等作简要介绍，认为煤田分布虽广但少有大规模开采价值，部分区域可计划试探，金属矿多零星矿点，仅有少数采用土法开采，认为交通条件对矿业发展影响大，杭江铁路规划十分必要。

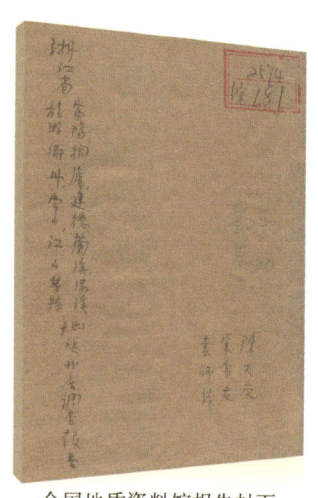

全国地质资料馆报告封面

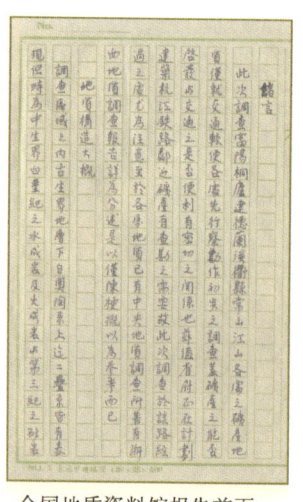

全国地质资料馆报告首页

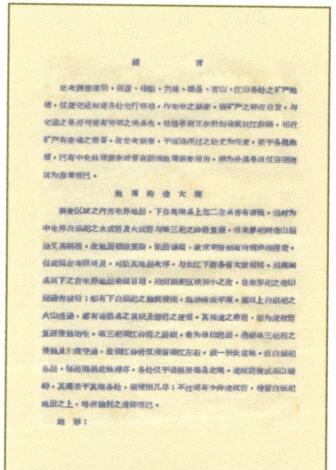

浙江省地质资料档案馆馆藏报告首页

14 浙江省遂昌松阳青田三县矿产及奉化银山冈铅矿调查报告

报告封面

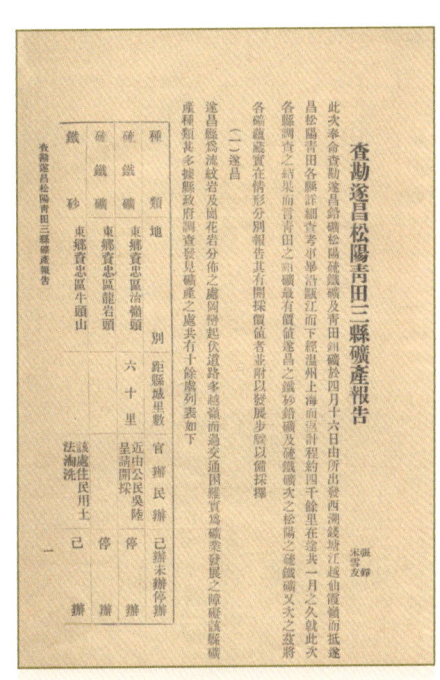

报告首页

【资料简介】

由宋雪友、张铮编著,全国地质资料馆收藏,档号为3370。资料形成时间为1929年,内文为油印版,共12页。

本次调查了遂昌县的银坑方铅矿、冶头岭硫铁矿,遂昌、松阳两县境内的铁砂矿,松阳县的未坑硫铁矿、黄坛硫铁矿,青田县的石平川钼矿、孙硐坑钼矿、西内镇铁坑钼矿,奉化银山冈铅矿。就各县调查结果而言,青田县的钼矿最有价值,遂昌县的铁砂矿、铅矿及硫铁矿次之,松阳县的硫铁矿又次之。报告分别描述了各矿区的位置、矿床地质及矿业情况。

15 浙江省新昌县嵊县象山县弗石[①]矿调查报告

【资料简介】

由张镐编著,全国地质资料馆收藏,档号为2492。资料形成时间为1929年1月,内文为印刷版,共15页。浙江省地质资料档案馆存有抄录稿,档号为124。

产矿区附近多火成岩,间亦有沉积岩层点缀其间。火成岩多属喷出岩,如石英粗面岩、安山岩、玄武岩、辉长岩等。萤石即在火成岩中产出,但毗接萤石处概属石英岩及石英辉绿岩类。在露头处萤石全体直立于火成岩的裂缝中。新昌县、嵊县萤石矿储量推测为210万吨左右。象山县萤石矿储量推测只有63万吨左右。

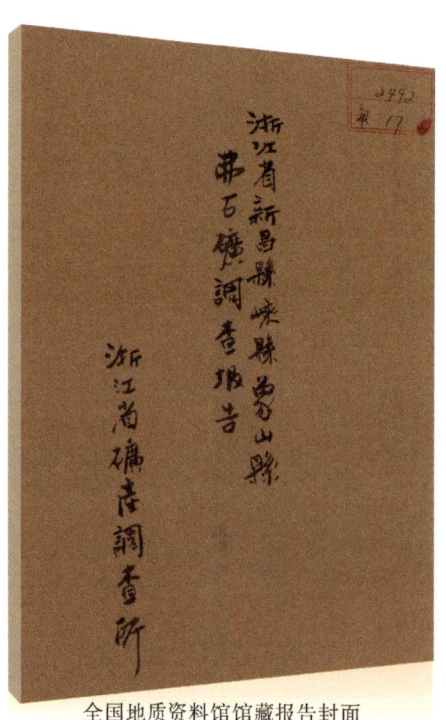

全国地质资料馆馆藏报告封面

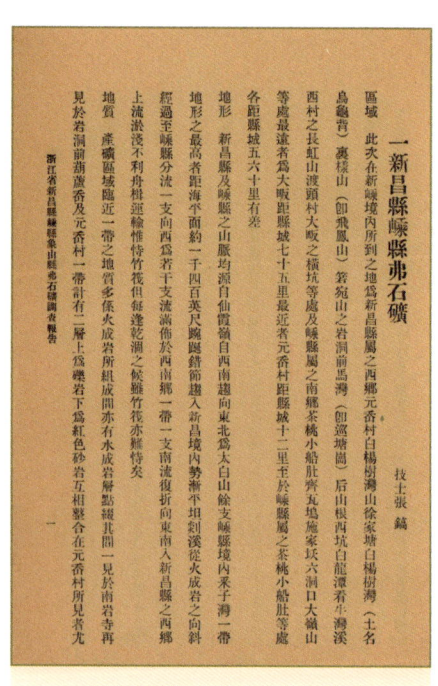

全国地质资料馆馆藏报告首页

---

① 弗石:即萤石。

16 浙江西北部地质

【资料简介】

由朱庭祜、徐瑞麟、王镇屏编著,浙江省地质资料档案馆收藏,档号为13。资料形成时间为1930年,内文为铅印版,共72页。报告内附14幅图,其中2幅为彩色印刷图,12幅为黑白印刷图,附1份英文译稿。全国地质资料馆存有印刷版,版本与浙江省地质资料档案馆馆藏版本一致,档号为6528。

该报告详细描述了浙江省西北部余杭、临安、富阳、桐庐、淳安等十县地形、地层、构造、矿产情况,认为调查区域内矿产不丰,非金属矿床有印渚埠系地层内石煤、桐庐黄甫家煤矿、余杭公山萤石、昌化康山玉石矿,金属矿有闲林埠铁锰矿、午朝山二天门锰矿、铜岭铅矿、属狭岭铁矿等。报告内附剖面图(11张)、《浙江西北部地质图》(1∶25万)和《浙江绍兴诸暨萧山嵊县地质图》(1∶20万)。

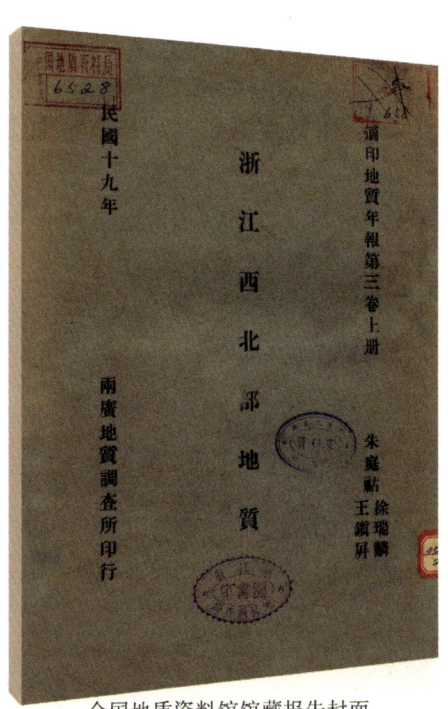

全国地质资料馆馆藏报告封面

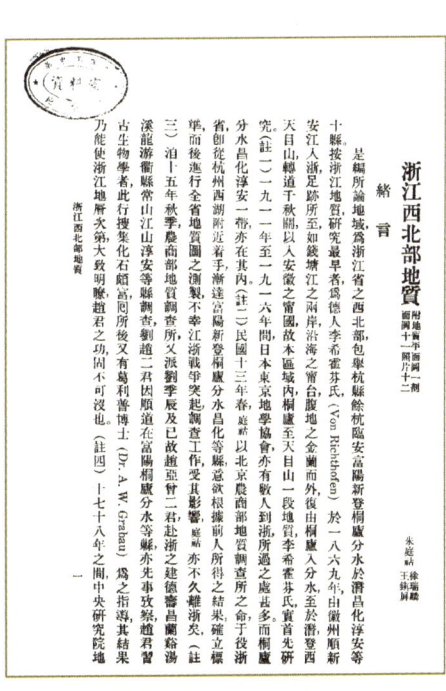

全国地质资料馆馆藏报告首页

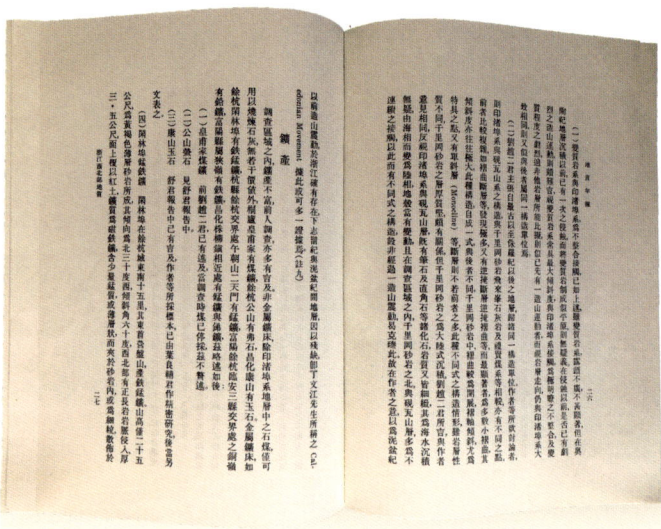

浙江省地质资料档案馆馆藏报告内页

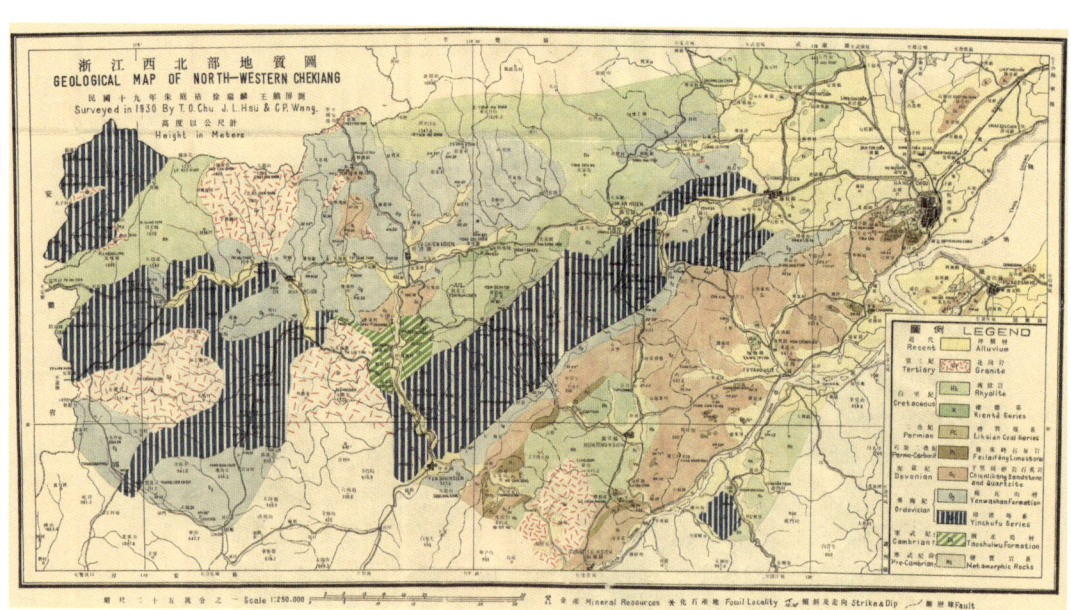

浙江省地质资料档案馆馆藏报告附图

17 浙江建德淳安二县间之铁矿

【资料简介】

由朱庭祜编著,浙江省地质资料档案馆收藏,档号为 14。资料形成时间为 1930 年,内文为铅印版,共 14 页。报告内附 1 幅图,为彩色印刷图,附 1 份英文译稿。

该报告简述了建德、淳安两县间几处铁矿产地的位置、交通、地形、地质构造、矿床、储量、成分等。作者认为区内交通不便,矿物多为赤铁矿,亦有黄铁矿及磁黄铁矿等,露头虽多但都不富,无大规模开采价值,若交通便利,可小规模开采,建议进行钻探,进一步了解储量。报告内附《浙江建德淳安间铁矿地质图》(1∶2万)。

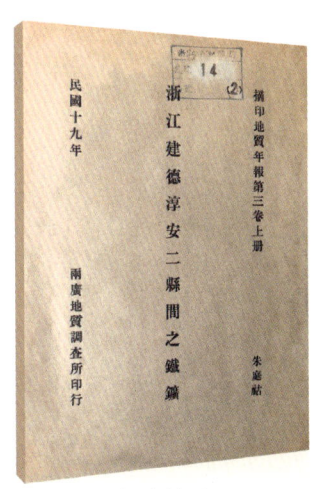

报告封面

报告首页

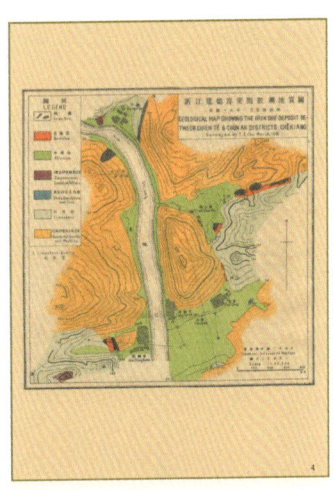

报告附图

18 浙江长兴吴兴武康德清余杭五县地质

【资料简介】

由李殿臣、王镇屏编著,浙江省地质资料档案馆收藏,档号为16。资料形成时间为1930年2月,内文为铅印版,共42页。报告内附2幅图,一幅为彩色印刷图,另一幅为黑白印刷图。

该报告介绍了浙江长兴、吴兴、武康、德清、余杭五县的地形、地质构造特征。该区域多山岭,东侧为大平原,河流纵横交错,由西向东地势逐渐降低。区域内火成岩最多,沉积岩次之;区域北部地质构造复杂,分为褶曲及断层构造,弁山一带山岭多由断层所成。报告内附《浙江长兴吴兴武康德清余杭五县地质图》(1∶15万)和《浙江吴兴县陇山弗石①矿地质图》(1∶2000)。

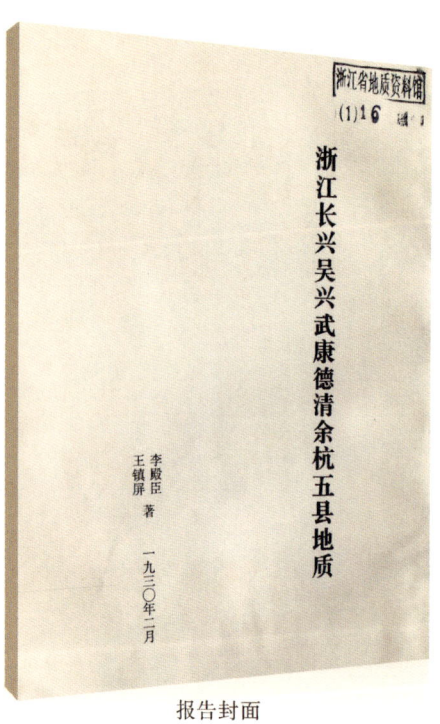

报告封面

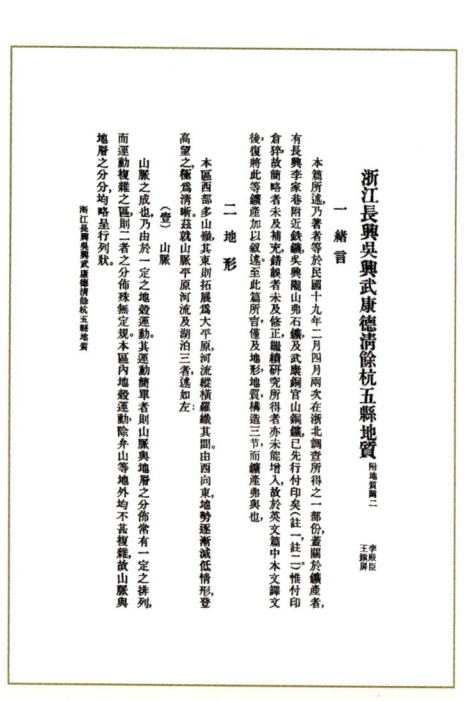

报告首页

① 弗石:即萤石。

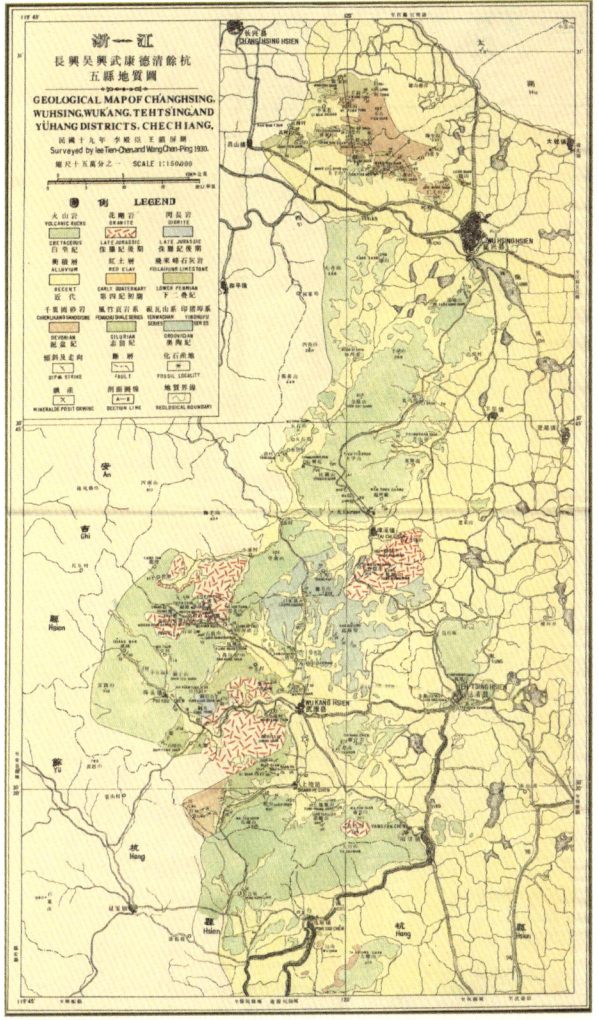

报告附图

第一部分 早期浙江省地质矿产调查

19 浙江泰顺景宁云和龙泉庆元等县地质简报

【资料简介】

由张更编著,浙江省地质资料档案馆收藏,档号为15。资料形成时间为1930年9月,内文为毛笔手书,共45页。全国地质资料馆存有油印版,档号为3001,共16页。

作者对浙江泰顺、景宁、云和、龙泉、庆元等县进行了实地勘察,这是国内对浙江西南地区的首次地质调查。调查历时50天,行程100多千米,对浙江西南地区的地文、地层及岩石、地质构造、矿产(铁、煤)等有了初步认识。调查表明,该区域地层以变质岩最古老,有石英片岩、绿泥绿帘石片岩、石英云母片岩、角闪片岩、大理岩,次为流纹岩、凝灰岩、凝灰状流纹岩等,有二次侵入岩侵入,如花岗岩、长英岩、斑岩、玄武岩、辉绿岩等,断层极少,形成于流纹岩之后,地壳无激烈运动。矿产有由花岗岩风化而成的铁砂矿及夹于凝灰状流纹岩内的煤矿,厚仅10厘米左右。

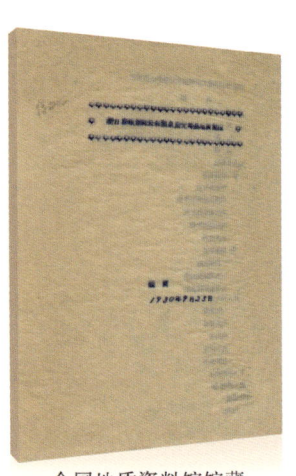

全国地质资料馆馆藏
报告封面

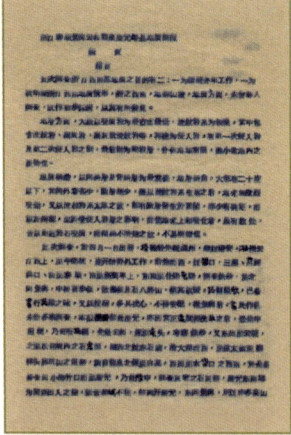

全国地质资料馆馆藏报告首页

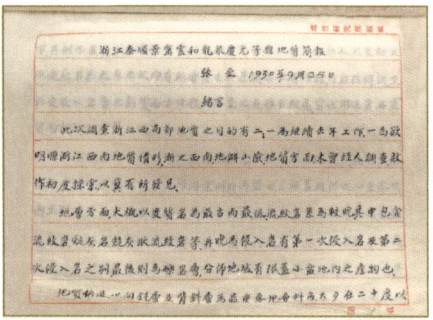

浙江省地质资料档案馆馆藏报告首页

20 调查昌化县磁土及锑矿报告等

报告封面

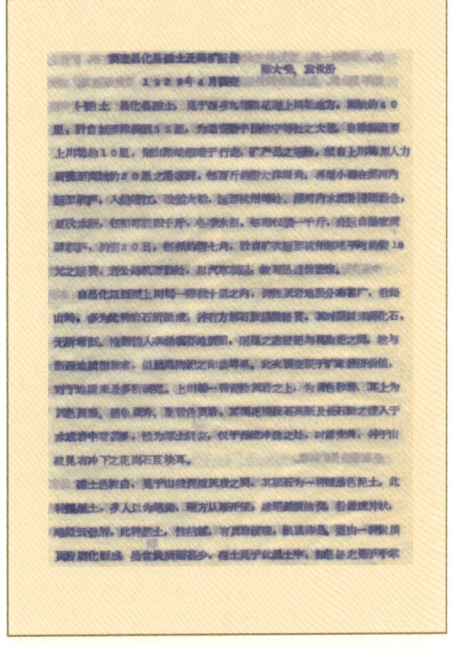

报告首页

【资料简介】

　　由陈大受、袁世汾、宋雪友、李殿臣编著,浙江省地质资料档案馆收藏,档号为139。资料形成时间为1930年,内文为油印版,共13页。

　　该报告主要介绍了昌化县磁土和锑矿、缙云前村磁铁矿、杭县龙门寺一带锰矿、余杭义口坂煤矿、宁海县的地质矿产调查情况,共5篇报告,刊登于《浙江省建设月刊》四卷十期。作者认为前4处均无大规模开采价值;宁海县矿产种类多但少有质佳量多者,澜头山及山下村石矿、双尖山铅矿、任家铁矿虽有价值,但岩石含角砾石多,难用作建筑材料,铅矿铁矿储量有限,不能进行大规模开采。

21 浙江青田县之印章石

【资料简介】

由叶良辅、李璜、张更编著,浙江省地质资料档案馆收藏,档号为177。资料形成时间为1931年,内文为抄录稿,共13页。

该报告是关于青田叶蜡石的首篇有价值的研究报告。我国的印章石在寿山、昌化、青田等地颇多,1929年,叶良辅和张演参一同前往欧南,有幸研究印章石。青田印章石产地分为东南山口与西南季山区,青田县地质情况简单,构成山脉主体为流纹岩与凝灰岩。作者通过对区域内岩性进行研究,得出以下结论:①笔腊石[①]确由流纹岩与细凝灰岩变化而成,原岩结构独立,犹有遗迹;②笔腊石多呈细鳞片形,由斑晶变质而成,往往呈粗丝状;③由石屑变质而成的笔腊石,似有团聚成块的趋势;④色白质纯的笔腊石与绿霞石,有呈脉线与块状者,或穿割于非纯净笔腊石之间,或与变质火山岩呈交换状态;⑤流纹岩与凝灰岩变质程度不论深浅,往往含有黑色氧化物细粒或条痕,即使纯质的笔腊石中亦多有之,此种氧化物大多为铁矿物,有白、红、黄、黑等各种颜色。

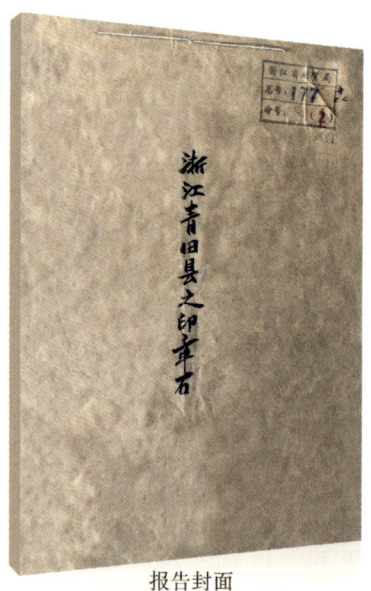

报告封面

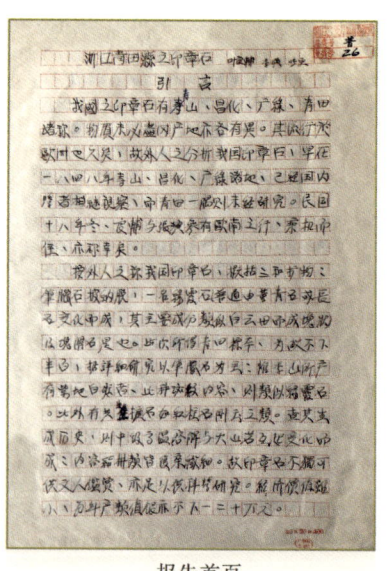

报告首页

---

① 笔腊石:即叶蜡石。

第二部分 地质矿产调查支持抗战

1931年9月18日，日本在中国东北制造了"九一八事变"，开始了侵华战争。民族危机感逐步加深的同时民族责任感也迅速提升，有识之士纷纷为国出力。地质工作者是中国抗战科技力量中一支特别重要的队伍，虽然为数不多，但他们在战前和战时开展了大量的地质调查工作，为抗战胜利作出了不为人知但极其重要的贡献。

22　浙江矿产调查所汇报（第二号）

【资料简介】

由李陶、金维楷编著,浙江省地质资料档案馆收藏,档号为18。资料形成时间为1932年8月,内文为抄录稿,共225页。

该报告收集了3篇地质矿产踏勘调查报告。《浙江省杭江铁路萧山兰溪段沿线之地质矿产》和《浙江省杭江铁路兰溪江山段沿线之地质矿产》主要论述了该区域地文(河流、山脉、平原及盆地)、地质(地层、构造)和矿产(金属矿、非金属矿)等情况,认为调查区内金属矿以锰矿较有希望,非金属矿以萤石矿、煤矿较为重要;《浙江省建德县铜官铁矿报告》主要论述了浙西建德县铜官区域位置、交通、地形、地质、矿产等方面的情况,认为规模化开采不可行,宜借助政府力量,开展调查识辨,为未来铁矿事业的发展奠定了基础。

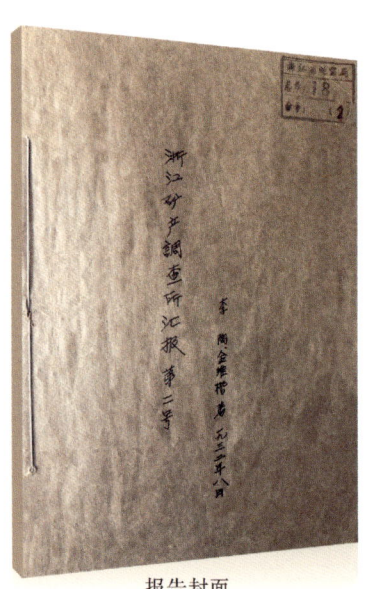

报告封面

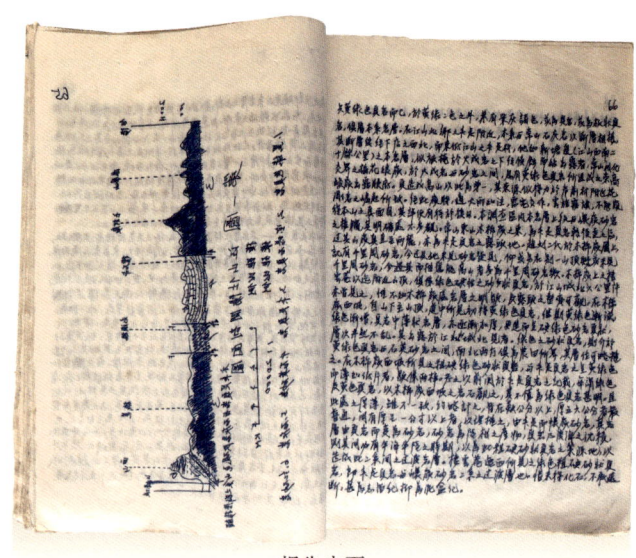

报告内页

23　浙江杭江铁路沿线矿产

【资料简介】

　　由李陶、金维楷编著,浙江省地质资料档案馆收藏,档号为17。资料形成时间为1932年,内文为铅印版,共41页。日文版由日本满铁调查部译,报告内附1幅图,为彩色印刷图。

　　该报告介绍了浙江杭江铁路沿线的方铅矿、辉银矿、闪亚铅矿、黄锡矿、辉锑矿、黄铁矿等金属矿物和萤石、石炭、石灰岩、石墨等非金属矿分布情况、品位特征等,报告内附《浙江省杭江路沿线区域地质图》。

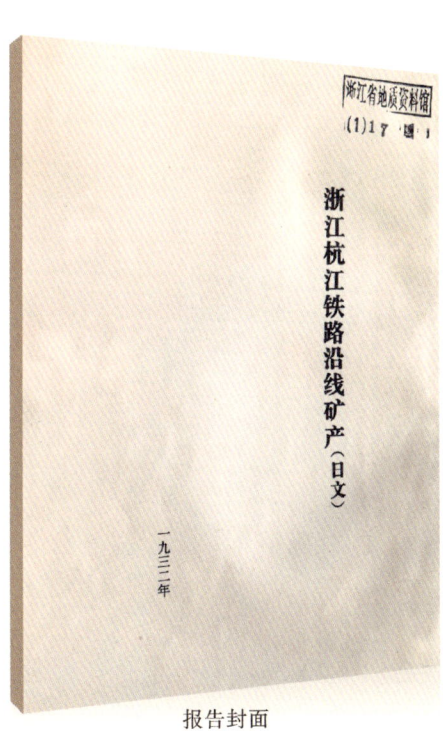

报告封面

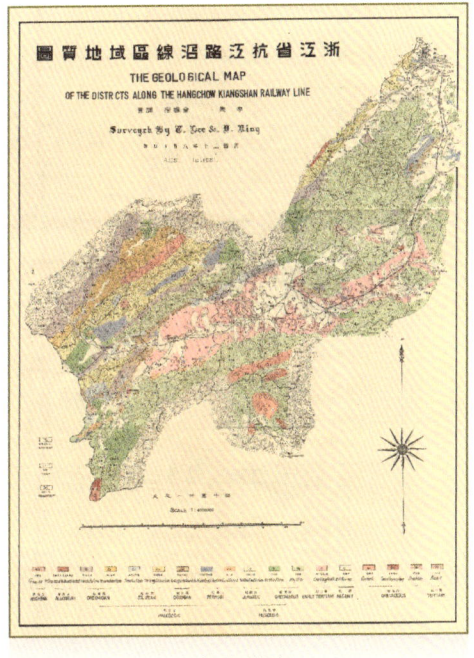

报告附图

24 勘察宣平弄坑银矿

【资料简介】

由张廷玉编著,浙江省地质资料档案馆收藏,档号为135。资料形成时间为1932年,内文为油印版,共14页。

国难之际,作者受金维楷(时任浙江省矿产事务所所长)委派详细勘察宣平弄坑银矿相关情况,以期为国出力。调查发现:全区出露地层均为晚白垩世流纹岩,平均宽1米,最长1000米,最短500米,走向北东转东,倾角70～80度;围岩为流纹岩,脉石有石英,主要矿物有方铅矿、辉银矿、褐铁矿;经采样分析每吨含银63克。

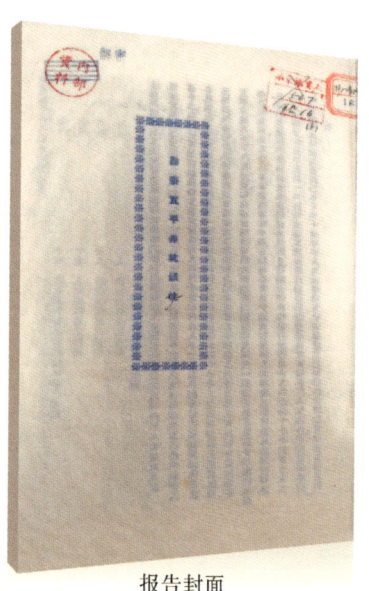

报告封面

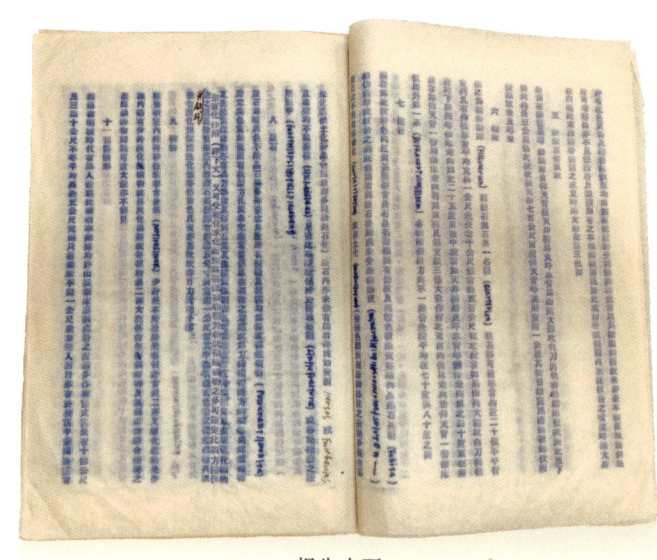

报告内页

25 飞来峰石灰岩之研究

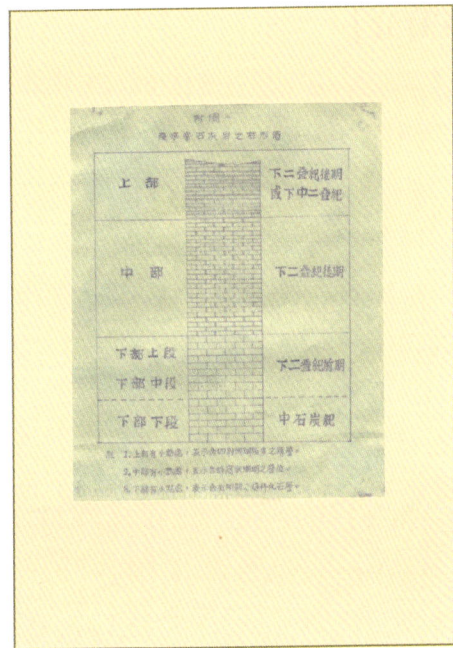

报告首页   报告附图

【资料简介】

由盛莘夫编著,浙江省地质资料档案馆收藏,档号为162。资料形成时间为1932年,内文为抄录稿,共11页。报告内附2幅图,为手绘图。

该报告表明飞来峰石灰岩在浙江省分布颇广,以西南部及东北部为多。长江下游各省,在泥盆纪石英砂岩之上,中二叠世煤系之下,亦常有本系石灰岩分布。西湖附近的飞来峰灰岩大体残留于泥盆纪砂岩向斜层之上。该石灰岩虽为连续沉积物,但依岩性及所含化石可分上、中、下三部,而下部又分为上、中、下三段。下部质最纯,可开采烧石灰,厚80米,下段化石以有孔虫类为主,中段主要是䗴科类化石。下段时代属中石炭世,中段和上段属晚二叠世前期。中部灰岩质较杂,含较多燧石结核,化石以蜂窝状珊瑚最多,时代属晚二叠世后期。上部含泥质较多,成层薄,化石有四射珊瑚、腕足类、苔藓虫类,时代属晚二叠世后期或中、晚二叠世。报告内附《西湖附近地质剖面图》和《飞来峰石灰岩之柱形图》。

26 浙江中部地质

【资料简介】

由高平编著，全国地质资料馆收藏，档号为1151。资料形成时间为1933年，内文为圆珠笔、铅笔手书，共42页。浙江省地质资料档案馆存有英文版抄录稿，档号为134。

本次工作行程约1150千米，历经23个县，依浙江省陆军测量局1∶5万地形图作成1∶40万地质图。调查区内地层大部为白垩纪火山岩流，仅诸暨至绍兴一带有古生代岩层出露。嵊县东北及诸暨西南有变质岩出露。调查区内无大价值的矿产。义乌、嵊县、新昌、诸暨的萤石，诸暨的铅锌矿、黄铁矿、乐清的锰矿仅可供土法开采。

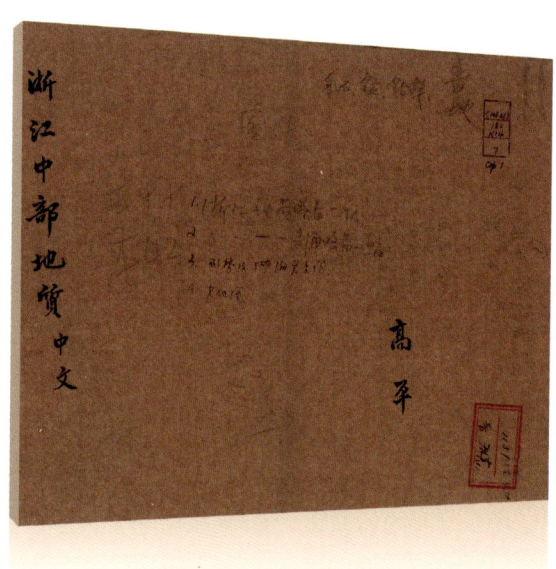

全国地质资料馆馆藏报告封面

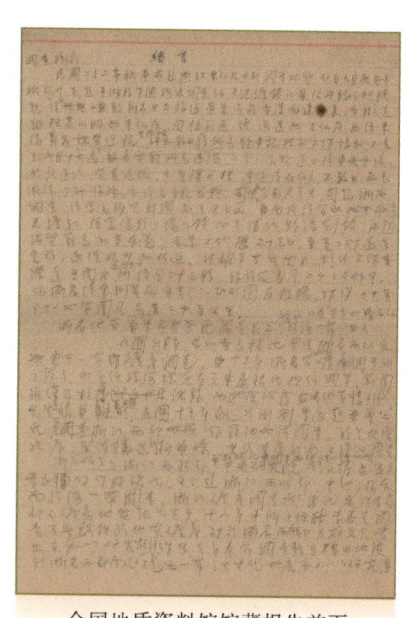

全国地质资料馆馆藏报告首页

27 浙江省矿产调查表

【资料简介】

由李陶编著,浙江省地质资料档案馆收藏,档号为21。资料形成时间为1933年3月,内文为铅印版,共110页。全国地质资料馆存有铅印版,档号为6738,共12页。

1933年,矿产事务所改组成立,所长金维楷组织编制了本报告。报告全面收集编录了省内各非金属矿(沸石①、煤矿、印章石、磁土及陶土黏土、石灰石及大理石、明矾石、笔铅②、石煤、水晶及石英、黄砂、云母及花岗岩、海盐)和金属矿(辉钼矿、锰矿、钴矿、辉锑矿、铅锌矿、锡矿、赤铁矿、磁铁矿、黄铁矿、铜矿、辉银矿、银铅矿、砂金)矿区位置、交通、矿床状态、开采情形、化验结果等信息,化验结果均出自矿产事务所。

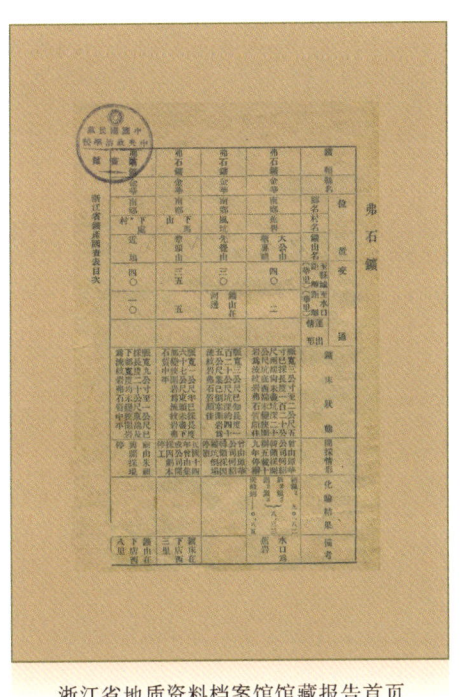

浙江省地质资料档案馆馆藏报告首页

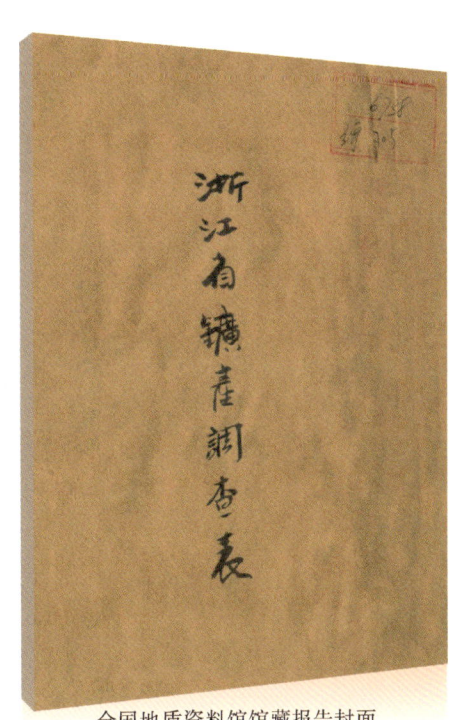

全国地质资料馆馆藏报告封面

---

① 沸石:即萤石。
② 笔铅:即石墨。

28 长兴油田之钻探计划

【资料简介】

由陆贯一编著,全国地质资料馆收藏,档号为548。资料形成时间为1933年12月,内文为圆珠笔手书,共11页。浙江省地质资料档案馆存有抄录稿,档号为22。

自古有"四川以东、太行山以南无石油"的观念,长兴煤矿发现油苗在当时意义重大。作者认为区域内印渚埠层底部的黑色页岩间夹石灰岩薄层与美国纽约州的石油母岩"尤贴卡页岩"极为相似,提出可通过测绘地图、勘察地层结构、钻掘探井等勘探方法查证长兴油田存在的可能性,并提出钻探计划和费用概算。

全国地质资料馆馆藏报告封面

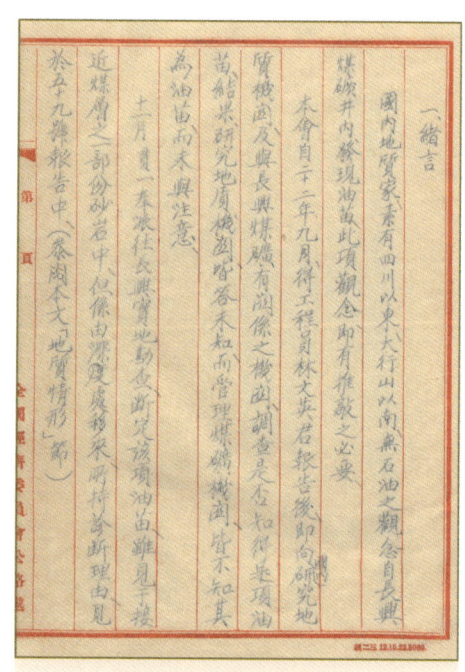

全国地质资料馆馆藏报告首页

29 浙江长兴煤田四亩墩矿内油苗之发现

【资料简介】

由计荣森编著,全国地质资料馆收藏,档号为547。资料形成时间为1933年12月,内文为毛笔手书,共15页。浙江省地质资料档案馆存有油印版,档号为23。

长兴煤田内油苗最早由林文英发现,但未引起注意。后作者与陆贯一等经详细勘察,在四亩墩矿井深246米处煤层下的灰色砂岩与黑色页岩接触区发现油苗,深色、质厚、油味重。作者对矿区地质构造、油样性质等进行了详细论述,提出的含油地层假说在当时具有重要意义。

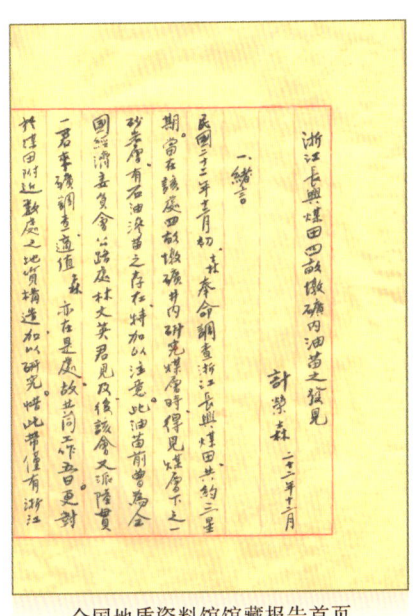

全国地质资料馆馆藏报告首页

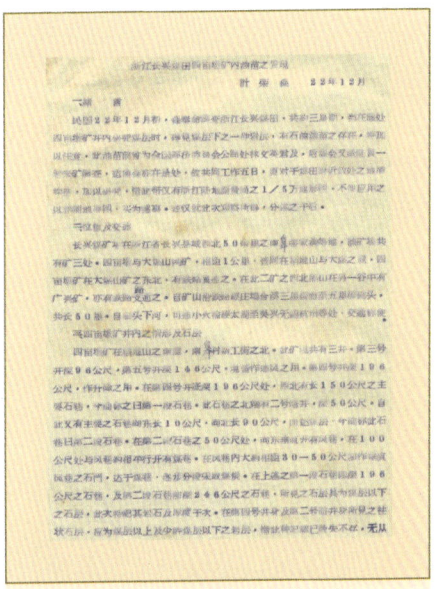

浙江省地质资料档案馆馆藏
报告首页

30　长兴煤田地质报告

【资料简介】

　　由谢家荣、计荣森编著,全国地质资料馆收藏,档号为545。资料形成时间为1934年2月,内文为钢笔手书,共30页。浙江省地质资料档案馆存有铅印版,档号为24。

　　该报告论述了长兴煤田开采范围内及附近地质情况,以解决当下采矿工程中的现实问题,并从地质、构造的角度推测其他有望煤田及钻探计划。煤系属中、上二叠统,可分上、中、下三部分。上部主要为黄色砂岩,次为灰色页岩及薄煤层;中部主要为灰色、青灰色页岩和细砂岩;下部为砂岩、页岩。估算煤田总可采量为1152万吨。另论述了煤田内油苗产状、油性、来源分析等,认为无开采价值。报告内附《浙江长兴本部煤田地质图》(1∶5000)和部分地区煤层剖面图。

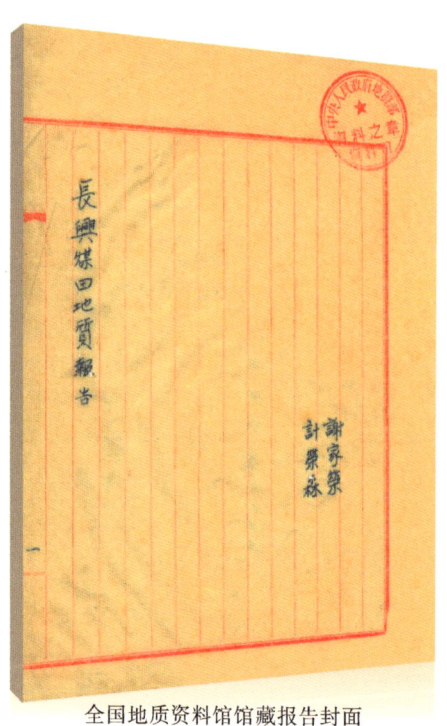

全国地质资料馆馆藏报告封面

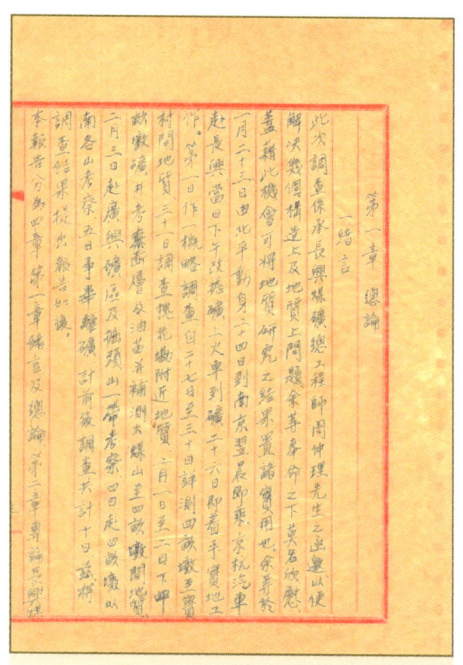

全国地质资料馆馆藏报告首页

第二部分 地质矿产调查支持抗战

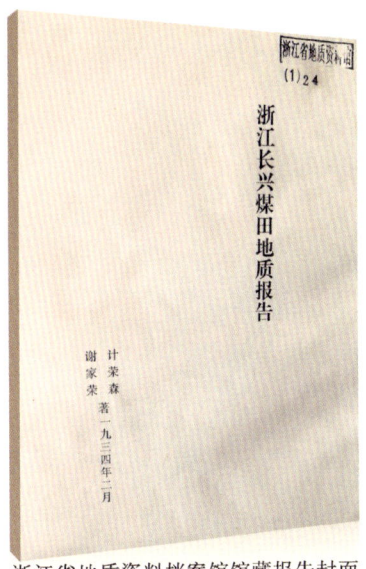

浙江省地质资料档案馆馆藏报告封面

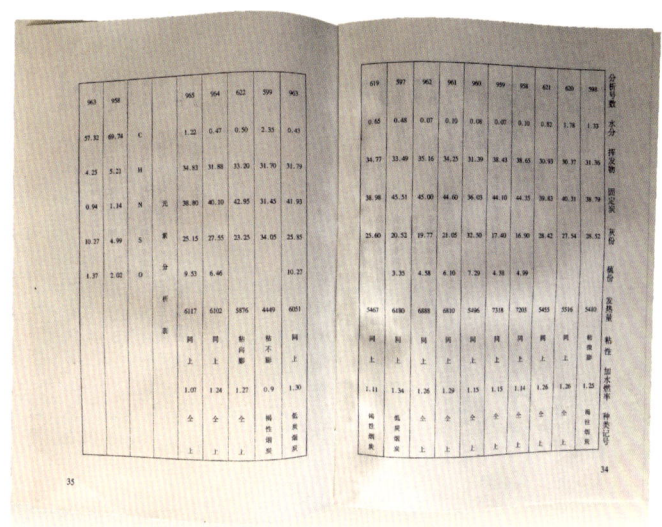

浙江省地质资料档案馆馆藏报告内页

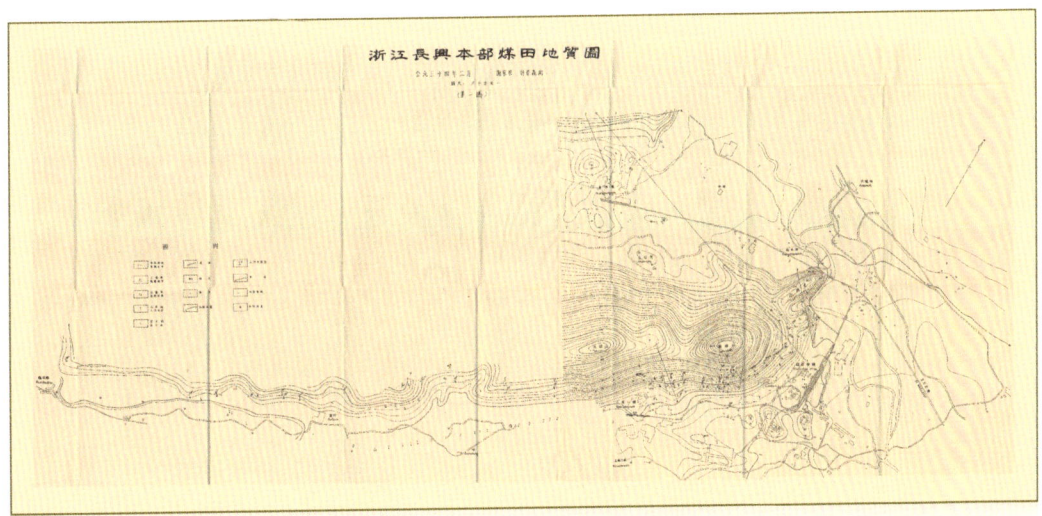

浙江省地质资料档案馆馆藏报告附图

31 浙江平阳矾山地质简报

【资料简介】

　　由叶良辅、张更、陈恺、丘捷编著,全国地质资料馆收藏,档号为992。资料形成时间为1934年4月,内文为圆珠笔、铅笔手书及印刷稿,共3页。浙江省地质资料档案馆存有抄录稿,档号为25。

　　作者一行四人第二次来平阳调查,通过系统采集矾石样,并详细观察矾石的层序及范围,得出矾石的质量内外成分优劣有别,区域储量共计约55 000万吨,其中富矿(品位60%)计10 488万吨的结论。简报内附明矾石矿储量表和厚度计算表。

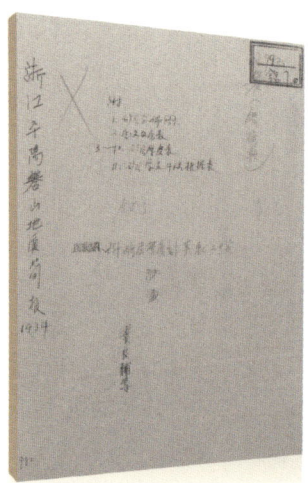

全国地质资料馆馆藏报告封面

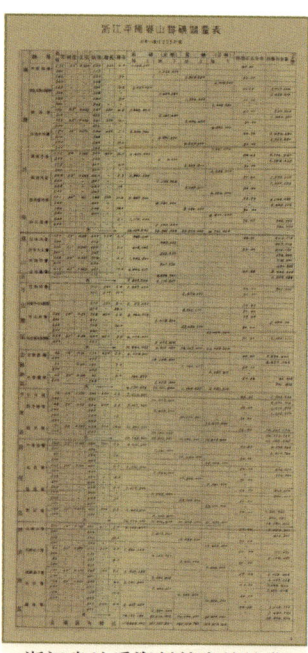

浙江省地质资料档案馆馆藏报告内页

全国地质资料馆馆藏报告首页

32 浙江省地质纪要

【资料简介】

由盛莘夫编著,浙江省地质资料档案馆收藏,档号为176。资料形成时间为1934年,内文为抄录稿,共68页。

浙江地质研究最早者为德国地理学家李希霍芬(1869年调查),后为日本人(1911年至1916年间),研究成果简单。作者梳理国人研究成果,结合自身调查成果作此文。报告简述了浙江省地形情况(山脉、河流、湖泊、平原),划分了3个地文期(仙霞期、丽水期、衢江期),将浙江省地层自下而上划分为变质岩系、倒水坞层、印渚埠系、砚瓦山系、风竹页岩、千里岗砂岩、飞来峰石灰岩、礼贤煤系、上石灰岩、乌灶煤田、建德系、流纹岩系、丽水系、玄武岩、侵入岩类15个岩性组合。

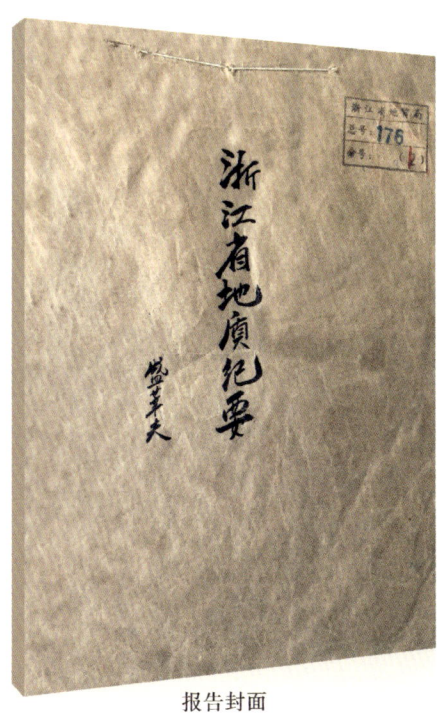

报告封面

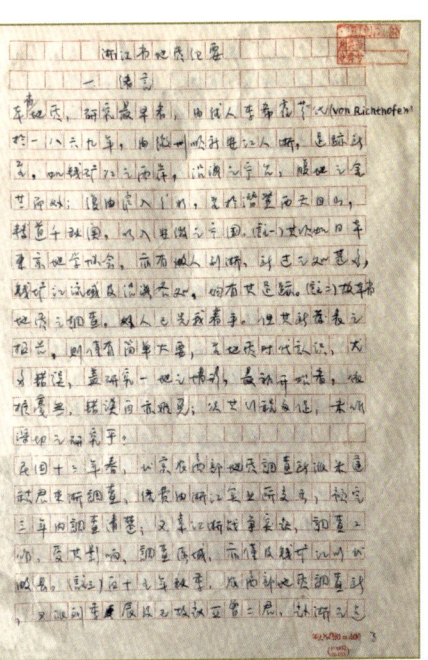

报告首页

33 浙江中部及西南部地质矿产报告

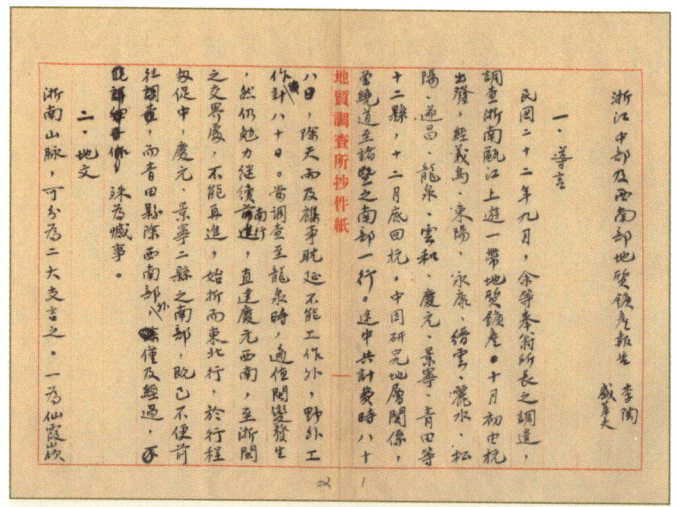

全国地质资料馆馆藏报告首页

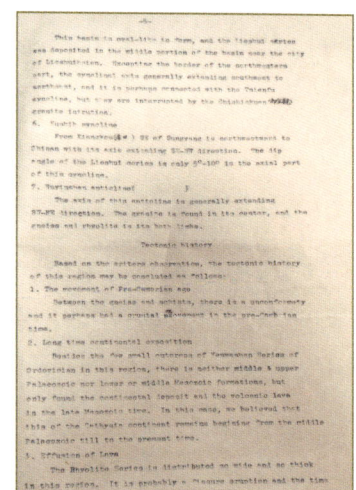

浙江省地质资料档案馆馆藏报告内页

【资料简介】

由李陶、盛莘夫编著,全国地质资料馆收藏,档号为1150。资料形成时间为1933年9月,内文为毛笔手书,共97页,附图有英文注释。浙江省地质资料档案馆存有油印版(英文),档号为20。

该报告简述了义乌、东阳、永康、缙云、丽水、松阳、遂昌、龙泉、庆元、景宁、云和、青田等县的地层与岩石、地质构造与大地构造历史、矿产资源(金属、非金属)分布现状等。

34　建德铜官铁矿之新估价

【资料简介】

　　由全国地质资料馆收藏,档号为2562。资料形成时间为1935年6月,内文为圆珠笔手书,共4页,刊于《西湖博物馆之刊》。浙江省地质资料档案馆存有抄录稿,档号为27。

　　铜官铁矿位于新安江两岸,建德县城西南约35千米,与淳安县交界之处。重要铁矿产地有4处:铁山坞、铜山坞、下湾及对岸界碑山、碧山矿区,估算储量共计160余万吨,平均含铁品位为60%左右。所采标本以铜山坞最好,下湾次之,但相差不多,为同期产物。矿区交通较便利,地势平坦,可露天采掘,但冶炼方面缺少焦炭来源,建议集中一地建厂冶炼。浙江省铁矿分布区域除本矿区外,还有长兴景牛山铁矿、瓯江流域砂铁矿等,全省储量总计500余万吨,分布及储量均不理想,建议政府试办,采取小规模采掘矿砂、集中冶炼的办法。

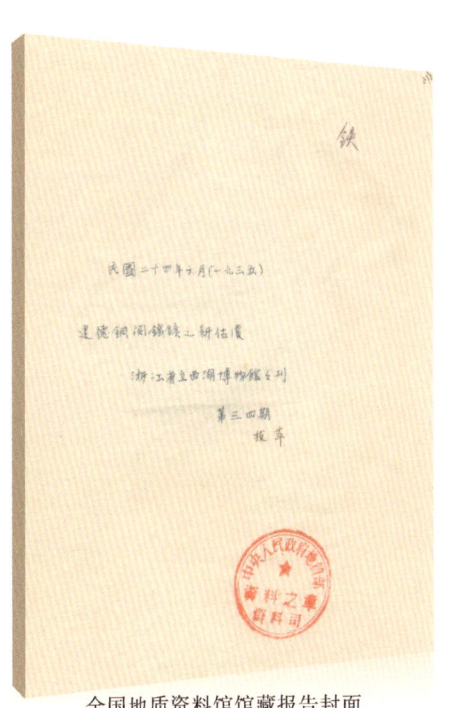

全国地质资料馆馆藏报告封面　　全国地质资料馆馆藏报告首页

35　浙江义乌东南部弗石[①]矿地质

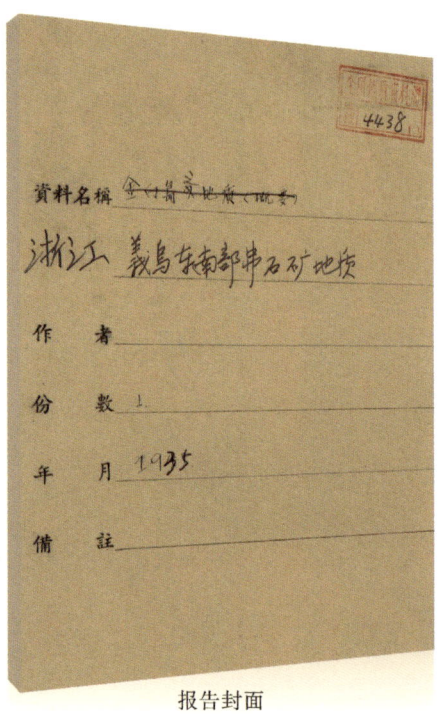

报告封面

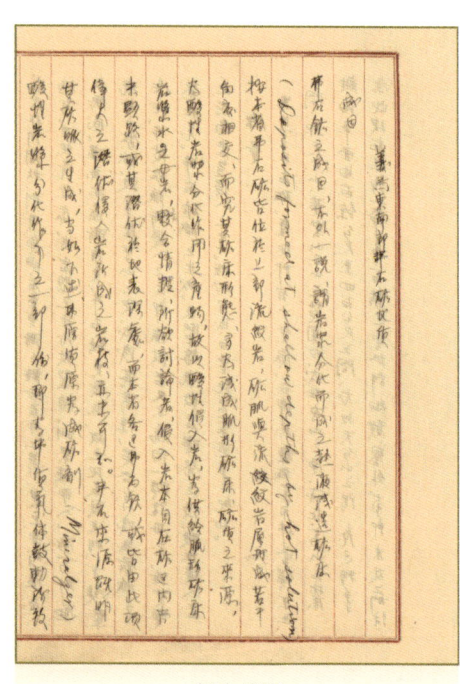

报告首页

【资料简介】

由全国地质资料馆收藏,档号为4438。资料形成时间为1935年6月,内文为圆珠笔手书,共7页。

浙江省弗石矿皆位于上部流纹岩,矿床多为浅成脉形矿床。矿质来源于酸性岩浆分化作用。义乌弗石矿,产地有十余处,分布于佛堂镇东面,即天公山、黄云山二山范围内。全县弗石储量在100万吨上下。就矿质而论,义乌弗石矿氟化钙成分在80%以上,可谓优质。资料就义乌弗石矿的现状、矿产开发及运销等均作了描述。

---

① 弗石:即萤石。

36 诸暨变质岩系之锌铅矿床

【资料简介】

由全国地质资料馆收藏，档号为 4465。资料形成时间为 1935 年 6 月，内文为圆珠笔手书，共 4 页，刊于《西湖博物馆之刊》。

浙江诸暨变质岩锌铅矿床，生于变质岩之石灰岩中，呈不规则带状及扁豆状。露头在洞岩山西南坡，面积不大，宽度不规则。矿石以闪锌矿为主，占 40%，方铅矿占 25%，黄铁矿占 30%，黄铜矿占 5%。脉石为方解石及少量石英。资料对闪锌矿、方铅矿、黄铜矿、黄铁矿的产状、结晶状况作了描述，并对围岩石灰岩、火成岩、风化带等作了描述。

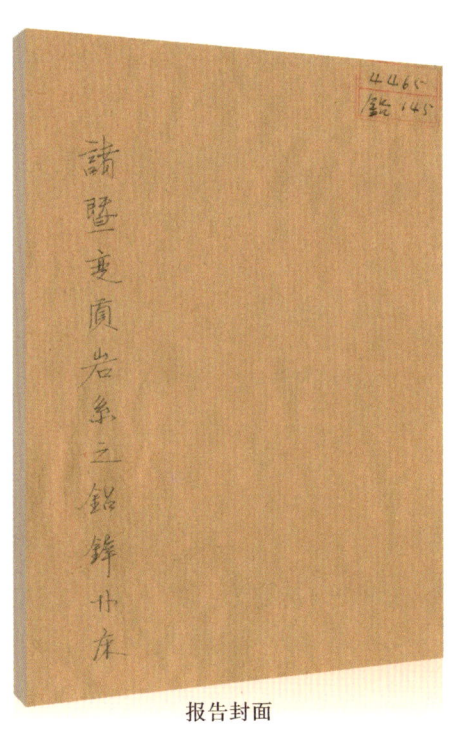

报告封面

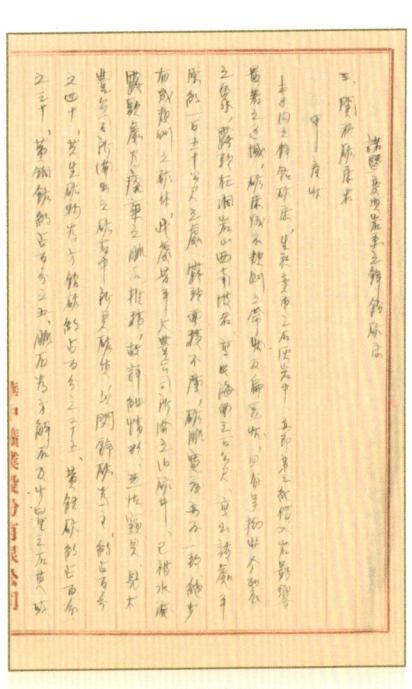

报告首页

37 浙江东部之地质

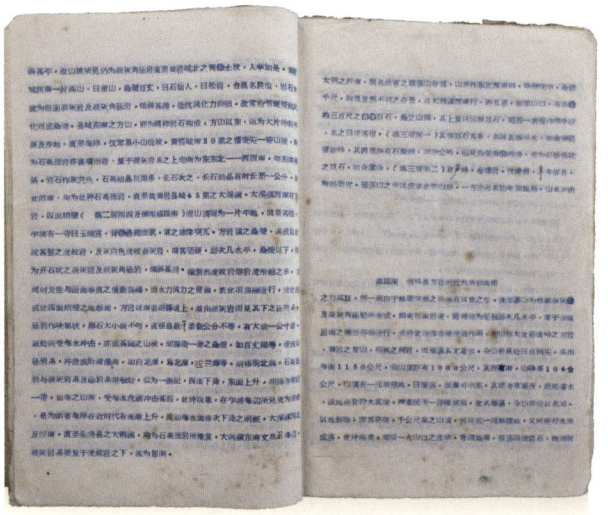

报告内页

报告附图

【资料简介】

由高平编著,浙江省地质资料档案馆收藏,档号为186。资料形成时间为1935年,内文为油印版,共34页。报告内附1幅图,为手绘图。

该报告是对浙江东部地质方面的综合性叙述。作者由杭州出发,途经绍兴、新昌、天台、临海、黄岩、温岭、乐清、温州、海门、临海、仙居、东阳、义乌、诸暨、富阳等地,沿途观察记录,对山脉、河流、湖泊、地层、地质构造及地壳运动进行了详述,并对矿产进行了简述,指出该区域没有大价值的矿产,义乌新昌嵊县诸暨的砩石①、诸暨小东乡的铅锌矿、乐清西乡锰矿、诸暨西北乡的黄铁矿等可以小规模开采。报告内附《浙江省东部地质图》。

---

① 砩石:即萤石。

38　浙江之矿产

【资料简介】

　　由朱庭祜、郝颐寿编著,浙江省地质资料档案馆收藏,档号为29。资料形成时间为1937年6月,内文为铅印版,共10页。刊于《国立浙江大学季刊》。

　　此文是全省综合性矿产报告,比较全面地反映了当时浙江省已发现的矿产及开发利用情况。弗石[①]、煤、印章石、矾石、钼、铁等20余种矿产在浙江均有发现,除弗石、矾石、印章石为浙江特产外,其余皆不占重要位置。弗石储量占全国储量的99.6%,在世界上亦占相当位置,分布以武义、义乌、金华等地为主,钙氟含量最高达96.03%,绿、紫、黄、白等色皆有,多生于流纹岩中,与花岗岩岩浆侵入有关;煤矿种类多,煤质以江山最佳,产量以长兴最高,长兴煤田总储量约15 648 740吨,流出的油苗属局部现象,为煤同生产物,无重大价值;印章石成分包含笔腊石[②]、绿霞石及块滑石等,以青田、昌化二县最著名,均为高温溶液侵入引起围岩变质而成,以鸡血石最名贵;明矾石产于平阳县,亦为变质作用形成,储量约20亿吨,为世界第一;钼矿以青田石平川最有名,亦为花岗岩岩浆侵入引起围岩蚀变而成;铁矿产地、种类甚多,遂昌冶岭头黄铁矿有较大开采价值。

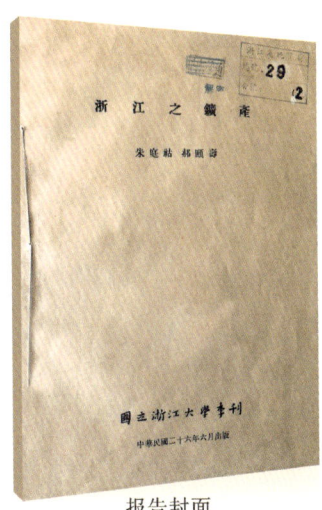
报告封面

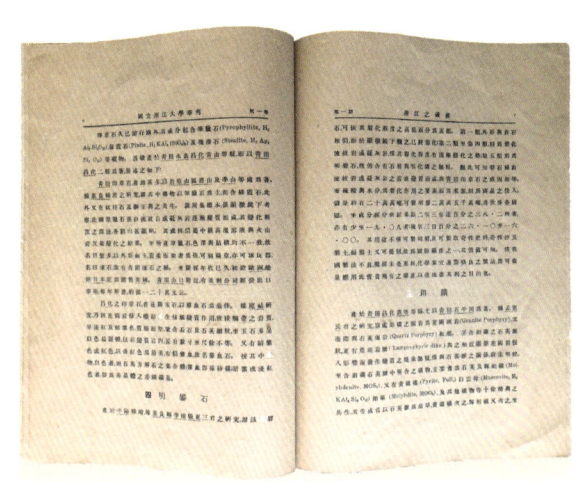
报告内页

---

① 弗石:即萤石。
② 笔腊石:即叶蜡石。

39 浙江矿产志

【资料简介】

由施昕更著,全国地质资料馆收藏,档号为3172。资料形成时间为1937年,内文为铅印版,有上下两册,上册209页,下册270页。浙江省地质资料档案馆存有抄录稿,档号为132。

在当时国际形势下,作者统计、剖析浙江13类非金属矿、8类金属矿资源现状,意图提高国人对矿产资源的认识,警醒国人,同时为全省矿业发展、政府决策提供参考。浙江自北至南矿产分布情况如下:金属矿区为锑矿带——昌化、淳安等县;铁矿带——长兴、余杭、建德;铅锌带——开化、富阳、诸暨、鄞县;方铅矿及辉银矿带——遂昌、宣平;锌铅铜矿带——永嘉、青田一带;磁铁矿带——瓯江流域各县;钼矿带——青田、永嘉。非金属矿区为浙西煤矿区,浙东萤石矿及明矾石、印章石区,沿海各县则为石盐区域。

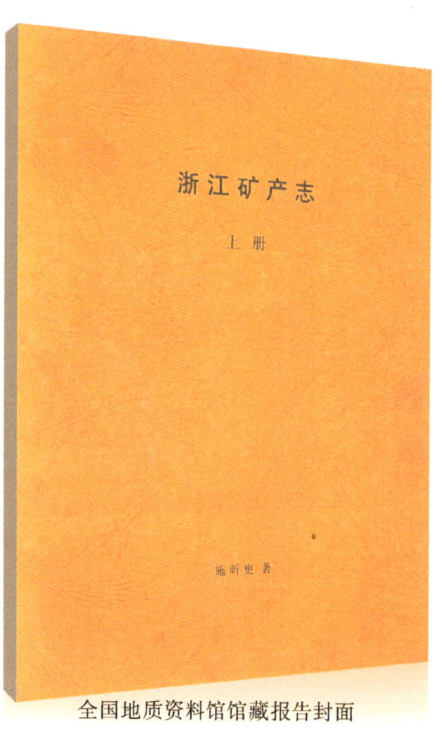

全国地质资料馆馆藏报告封面　　全国地质资料馆馆藏报告首页

40　浙江长兴县煤田地质

【资料简介】

由崔克信编著,全国地质资料馆收藏,档号为44。资料形成时间为1938年4月,内文为毛笔手书,共69页。浙江省地质资料档案馆存有铅印版,档号为31。

作者对长兴煤田进行调查,其间患病亦未停止,共测1∶2万地形图150平方千米,作地质剖面7条,采集化石11箱,后因战事影响,仅作1幅地质图及本报告。报告介绍了该煤田交通位置、地形及河流、地层、构造、煤矿储量、油苗产状等现状。矿区包括南皋、四亩墩、大煤山、宝村、槐花勘、祠山庙、石臼、东峰岕、千井湾、蒋家村北皋庄火烧地及广兴矿一带,现有矿场3处:四亩墩、大煤山、广兴矿。作者认为煤田内构造复杂,煤层变化颇多,煤层虽不少,但大多薄,仅位于煤系上部的一层可供开采,厚度为2～3米。煤多属褐性烟煤,含挥发物达30%,估算可靠总储量为2442万吨。

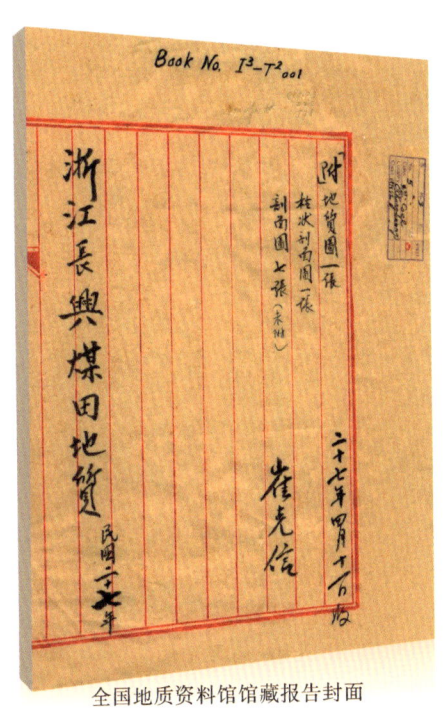
全国地质资料馆藏报告封面

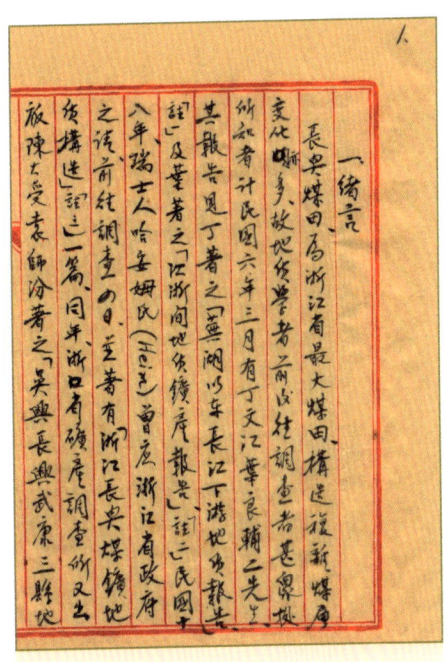
全国地质资料馆藏报告首页

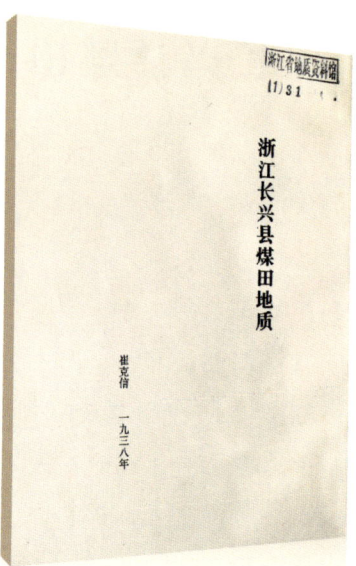

浙江省地质资料档案馆馆藏报告封面

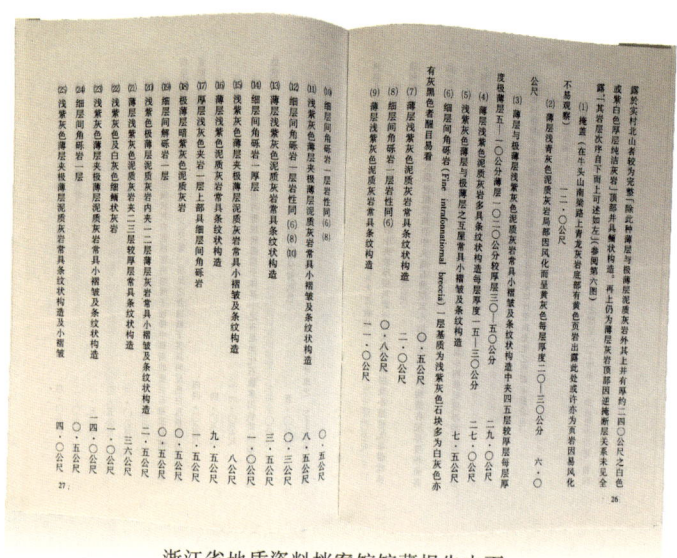

浙江省地质资料档案馆馆藏报告内页

41　杭县北乡东山萤石矿调查概况报告

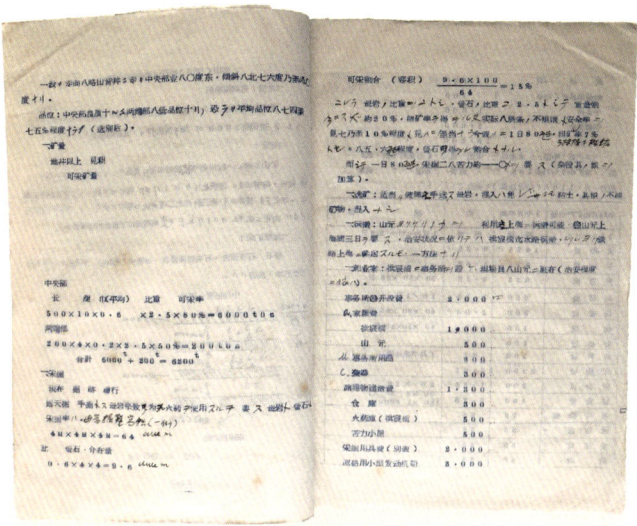

报告内页

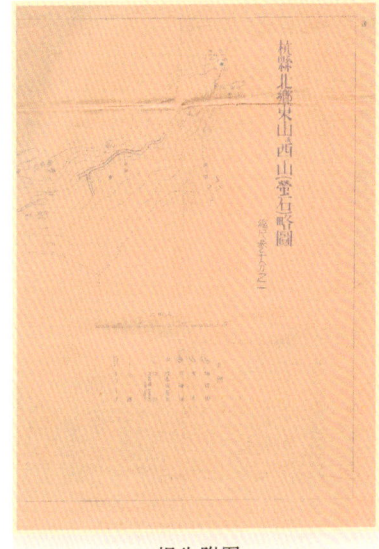

报告附图

【资料简介】

由林正树编著,浙江省地质资料档案馆收藏,档号为32。资料形成时间为1938年5月,内文为油印版,共7页,日文版。报告内附2幅图,为油印版。

该报告介绍了位于杭州以北约18千米处的东山萤石矿,萤石呈平行小脉状,分布在白色石英斑岩、石英粗面岩中。该区域萤石脉有4～5条,每条脉宽5～20厘米,脉间距为15～40厘米,走向和山脊平行,倾向北,倾角76～80度。中部质佳,两端差,平均品位为74%～75%(选矿后)。按矿脉长500米,深10米,厚0.6米估算,矿量可达6200吨,预测采矿率约为15%,精矿率约为7%。报告内附《东山及西山位置图》和《杭县北乡东山及西山萤石略图》。

42 浙江省长兴煤田地质

【资料简介】

　　由计荣森编著,全国地质资料馆收藏,档号为8494。资料形成时间为1939年,内文为毛笔手书,共9页。浙江省地质资料档案馆存有铅印版(日文译稿),档号为35。

　　煤田位于长兴县城西22.5千米处,交通方便。长兴煤田为大盆地,包括四亩墩、大煤山、广兴、槐花坞、张家涧、千井湾、火烧地、杨凤坞等煤田。现开采者仅前3处。煤层可分为上、中、下三部分,主要煤层以上部为主,煤层厚3～5米。煤质为褐色烟煤。作者计算了四亩墩等8个矿段的煤储量,总储量为1 564.87万吨。

全国地质资料馆馆藏报告封面

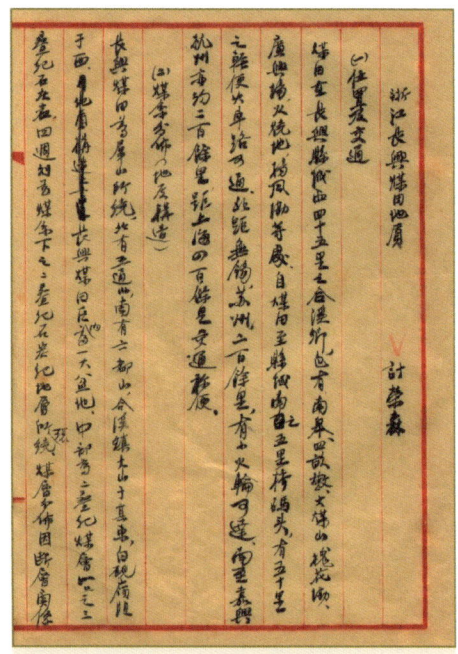

全国地质资料馆馆藏报告首页

第二部分 地质矿产调查支持抗战

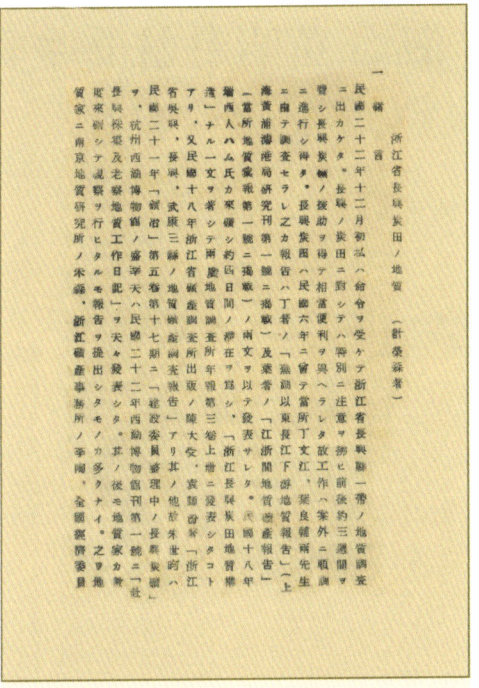

浙江省地质资料档案馆馆藏报告首页

浙江省地质资料档案馆馆藏报告附图

43　浙江黄岩县沈岙乡黄铁矿调查报告

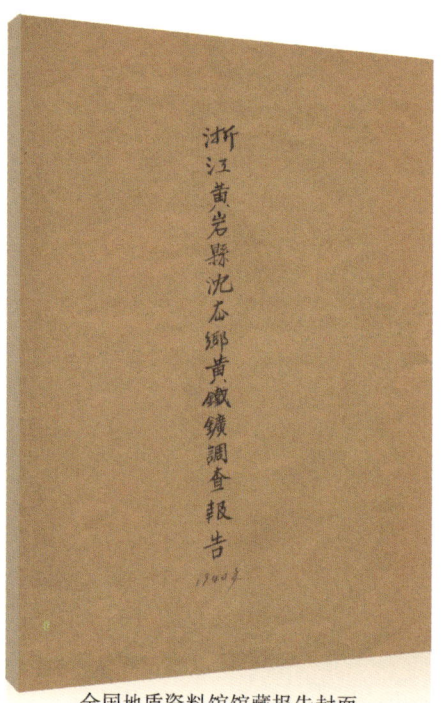

全国地质资料馆馆藏报告封面

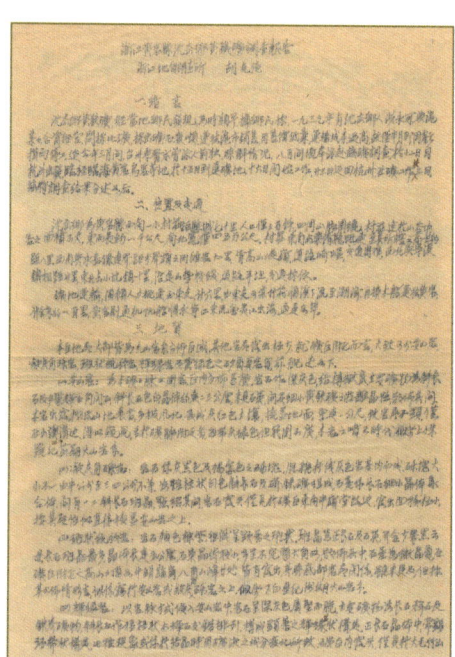

全国地质资料馆馆藏报告首页

【资料简介】

　　由胡克俺编著,全国地质资料馆收藏,档号为2473。资料形成时间为1940年,内文为圆珠笔手书,共2页。浙江省地质资料档案馆存有抄录稿,档号为146。

　　矿区在黄岩县西南,距县城35千米。本区地层大部分为火山岩系,其他岩层出露极少。就矿区附近而言,大致可分为安山岩、凝灰角砾岩、斑状流纹岩、辉绿岩及矽质页岩等。根据昔日残留竖井观察,矿脉生于安山岩裂隙中,脉中矿物以黄铁矿为主,并伴随少量磁铁矿,矿床属沿裂隙充填而成的热水矿床。本矿区未勘探,虽曾采掘亦仅限于地表,露头多被浮土蔽盖,矿脉出露不规则。仅以观察所得矿脉长达40米,假定地下可采深度30米,矿脉平均宽0.5米,矿脉内含黄铁矿量为60%,黄铁矿比重为5,估算其储量为1800吨。

44 浙江省平阳县的明矾石

【资料简介】

由叶良辅、李璜、张更编著,浙江省地质资料档案馆收藏,档号为 53。资料形成时间为 1941 年 5 月,内文为铅印版,共 63 页,日文译版。报告内附 2 幅图,为铅印版。

该报告对平阳县明矾石矿的地质、岩石、明矾石性质、化学成分,以及成因作了比较深入的调查研究,指出该区域明矾石矿埋藏量为 20 亿吨,为世界储量最大的产地,并对国外明矾石矿产出状况作了概略介绍。

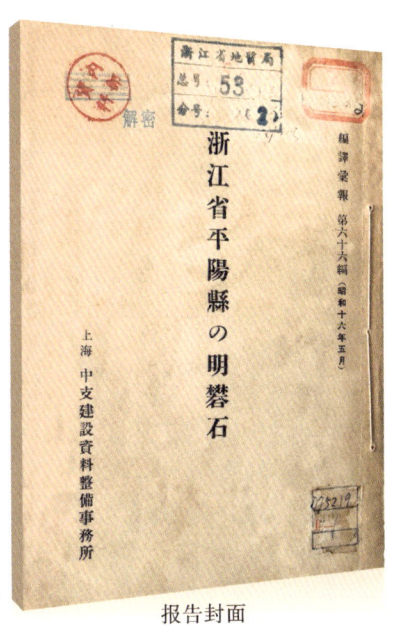

报告封面

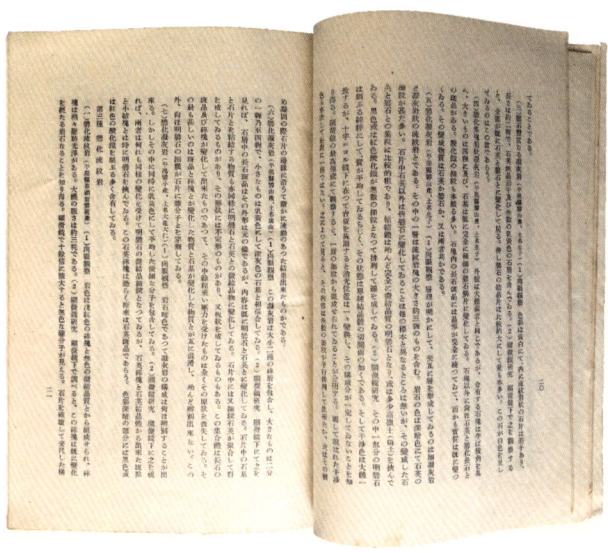

报告内页

第三部分 地质矿产调查助力新中国建设

　　抗战胜利后,地质工作逐步恢复。新中国成立前以矿产调查为主,但为数不多。新中国成立后,浙江地质工作贯彻国家关于"加强地质矿产普查"的方针,在全省较大范围内开展地质矿产普查工作,同时对部分重点矿区进行勘探,全力支持新生的浙江省经济恢复与发展。煤田地质工作主要在浙北、浙西展开,金属矿工作围绕铁、铅锌、锰、铜、钼矿等开展,非金属矿工作围绕萤石、硫铁矿、明矾石、磷矿、高岭土、重晶石、云母矿等开展,水泥原料勘察工作基本遍布全省各地,同时,对乌溪江黄坛口、新安江等水电站坝址进行勘察。

（一）能源矿产、金属矿产

45　钱塘江上游侏罗纪煤田简报

【资料简介】

由盛莘夫编著，全国地质资料馆收藏，档号为43。资料形成时间为1948年3月，内文为毛笔手书，共8页。浙江省地质资料档案馆存有抄录稿，档号为117。

报告论述了钱塘江上游侏罗纪煤田的分布概况、地层概况、煤质与储量等。经作者初步调查，侏罗纪煤田有4处：①常山县城南之赤山坞；②常山县东北部鸡头山与旗峰山；③衢县西北部的铜头山及陈村坞一带；④龙游石佛附近的杜山坞一带。煤质大多为半无烟煤，少量无烟煤，初步估计4处煤层总储量为420万吨。作者认为，在当时煤荒严重，经济不景气之际，宜利用土法小井分别开采，必要时根据地质构造情况加以钻探，进一步了解煤层及储量后再大规模开采。报告内附《钱塘江上游侏罗纪煤田分布图》。

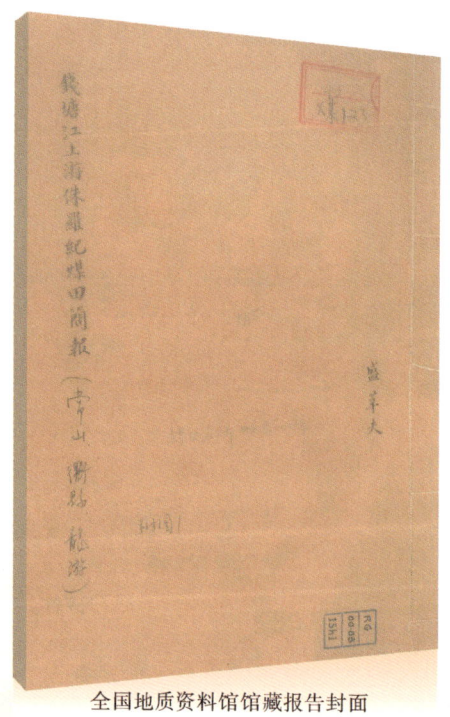

全国地质资料馆馆藏报告封面

全国地质资料馆馆藏报告首页

浙江省地质资料档案馆馆藏报告内页

浙江省地质资料档案馆馆藏报告附图

46 浙江江山礼贤煤田地质述要

【资料简介】

由刘国昌、马子骧、韩金桂、孙万铨编著,全国地质资料馆收藏,档号为 2619。资料形成时间为 1948 年 8 月,内文为毛笔、钢笔手书,共 40 页。浙江省地质资料档案馆存有铅印版,档号为 118。

报告论述了江山南部礼贤煤田地质调查成果。该煤田属浙西煤田之一,自泉家弄至政棠,长 20 千米,北距浙赣铁路 15 千米,中有江山石门间的公路横穿,交通便捷。该矿区内含煤地层为乐平煤系和安源煤系两层。乐平煤系中部和顶部各含煤一层,厚 0.3～1.0 米,均为无烟煤。安源煤系含煤亦两层,下层厚 0.6～2 米,政棠一带属烟煤,骑马山一带为无烟煤;上层仅见于骑马山一带,厚薄变化极大,属烟煤。政棠区和骑马山区两区的煤矿储量,推测烟煤 630 万吨,无烟煤约 1080 万吨。报告内附《浙江江山礼贤煤田地质略图》。

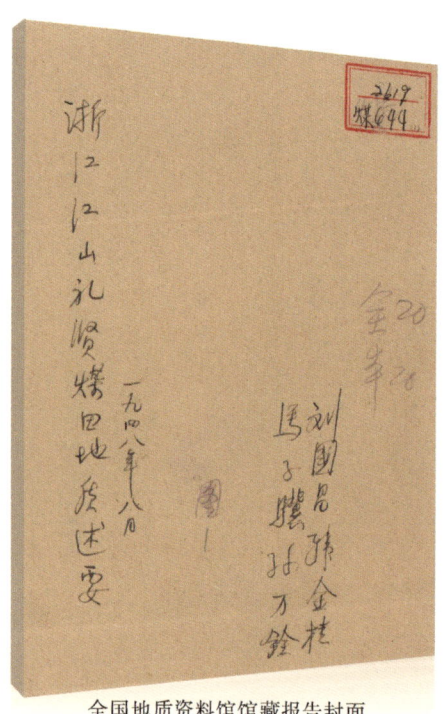

全国地质资料馆馆藏报告封面

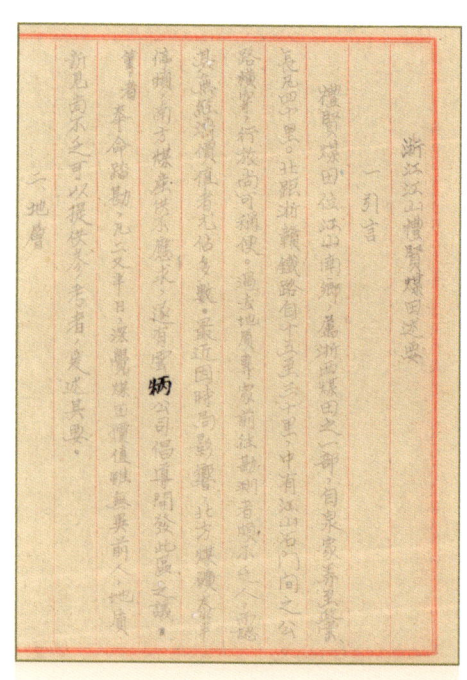

全国地质资料馆馆藏报告首页

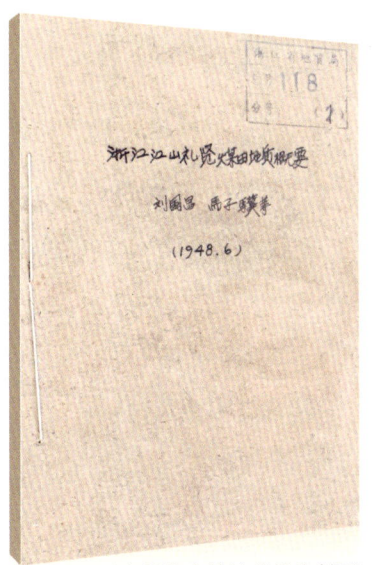
浙江省地质资料档案馆馆藏报告封面

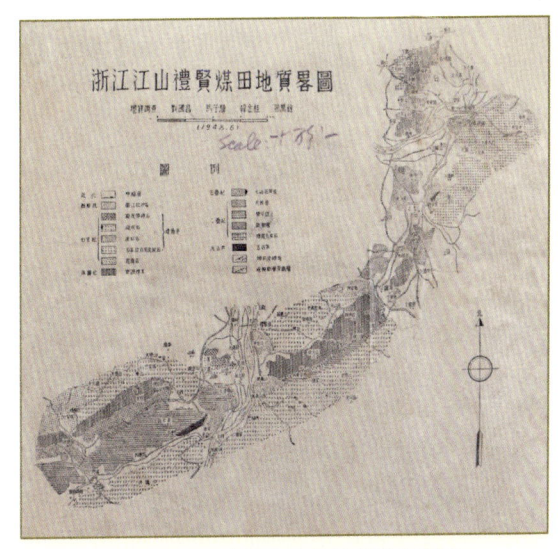
浙江省地质资料档案馆馆藏报告附图

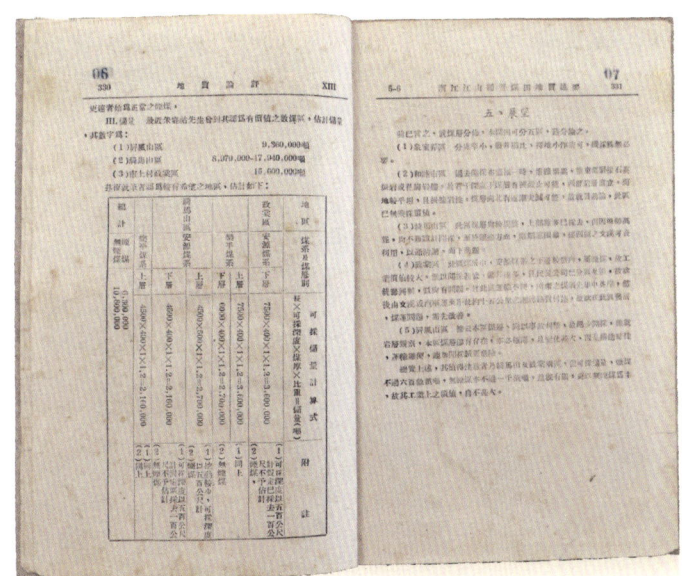
浙江省地质资料档案馆馆藏报告内页

47 浙江绍兴漓渚市磁铁矿简报

【资料简介】

由赵家骧、王宗彝、马子骥编著,全国地质资料馆收藏,档号为2622。资料形成时间为1948年10月,内文为圆珠笔手书,共12页。

漓渚市位于绍兴县城西南10千米处。矿区地层为奥陶纪。矿区东侧出露深灰色薄层灰岩,部分具结核层及燧石结核。矿区内褶皱及断层发育,矿石为磁铁矿,色深钢灰,具微细晶粒,磁性极强,质极致密坚硬。最佳矿含铁量达70%。区内铁矿按东西分区,产状各有不同,东部矿体呈碎块状分布,矿石产地有茶山、寿星头、松树坞及九龙山东坡。西区矿床为不规则矿带(体)而呈脉状,矿脉长1000米,厚3米。本区矿床成因为含铁矿液交代灰岩,属接触变质矿床。矿床铁储量约为535万吨。此区铁储量丰富,矿质极佳,应进一步钻探,为今后开发提供确切数据。

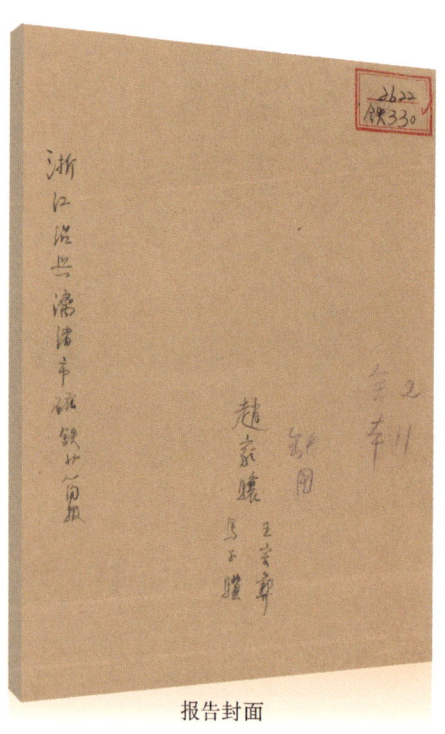

报告封面

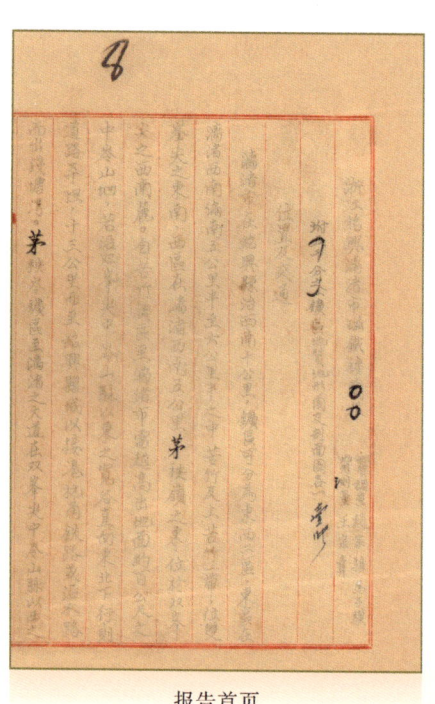

报告首页

48 中国东南部石灰岩说明

【资料简介】

由刘国昌编著,浙江省地质资料档案馆收藏,档号为143。资料形成时间为1949年,内文为油印版,共6页。全国地质资料馆存有圆珠笔手书稿,档号为9228。

该报告对我国东南部石灰石成因、分布及储量等进行了描述。报告指出区域内除志留纪外,震旦纪至三叠纪均有灰岩沉积,二叠纪分布最广,其次为石炭纪及泥盆纪。岩质纯洁可供制水泥,首选石炭纪黄龙组灰岩,它分布较广,厚100米左右,质细而纯,其中、上部普遍可用以烧石灰或制水泥,氧化钙含量约为55%,氧化镁在2%左右,烧失量为41%～45%。其次为下石炭纪石磴子组灰岩、泥盆纪棋子桥组灰岩及二叠纪茅口组灰岩,其中二叠纪灰岩主要为栖霞组灰岩和茅口组灰岩,前者厚度变化较大,自数十米至300米,含燧石结核,后者分布较窄,厚度可达100米,质较纯洁,亦可应用。晚石炭世船山组灰岩厚120米,早石炭世石磴子组灰岩厚300余米,均可烧石灰或制水泥。

全国地质资料馆馆藏报告封面

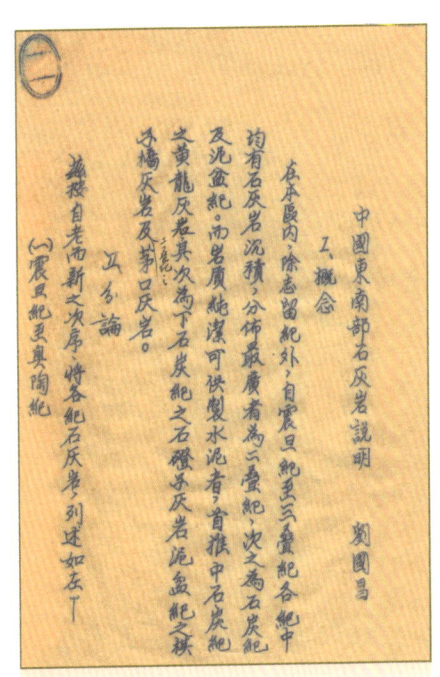

全国地质资料馆馆藏报告首页

浙江省地质资料档案馆馆藏报告封面

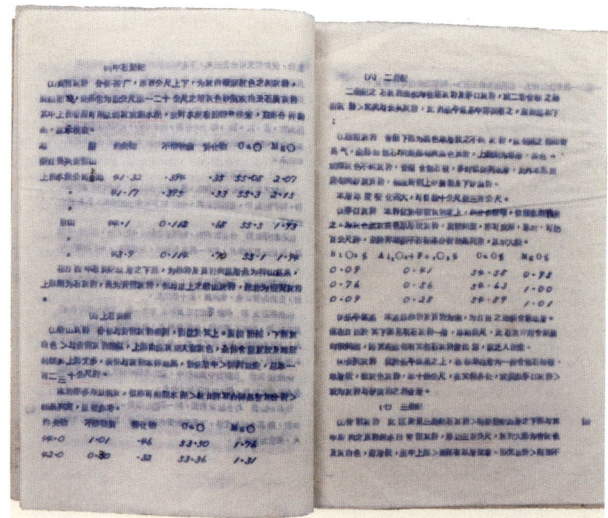

浙江省地质资料档案馆馆藏报告内页

49 常山南部东部和衢县西部的侏罗纪煤田地质

[资料简介]

由盛莘夫、汪龙文编著,浙江省地质资料档案馆收藏,档号为212。资料形成时间为1949年,内文为油印版,共24页。

为了满足钱塘江上游水力资源的开发及水泥制造的需要,作者对常山南部、东部和衢县西部煤矿、石灰岩和黏土等进行调查,主要调查煤田详细构造和经济价值。该区域侏罗纪煤系的底部是一种石英砾岩,厚30～50米,砾石层以上在100米以内,含煤2层或3层。常山南部煤田有开采价值的地段仅在赤山坞至八字街一段,长900米,含煤一层,厚1米左右,储量达21万吨,煤质属无烟煤;常山东部煤田含煤2～3层,平均厚1～1.5米,煤质为低级无烟煤,蜈蚣山、白石塘、老虎山3处具开采价值,合计储量达108万吨;衢县西部煤田含煤3～5层,总厚约2米,属低炭无烟煤和中高炭烟煤,诗影、余村和花坞尖3处具开采价值,合计储量达160万吨。

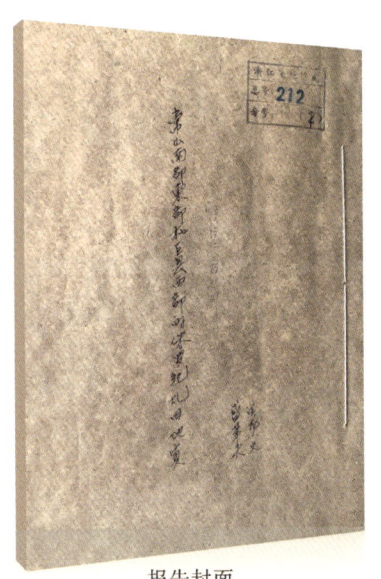

报告封面

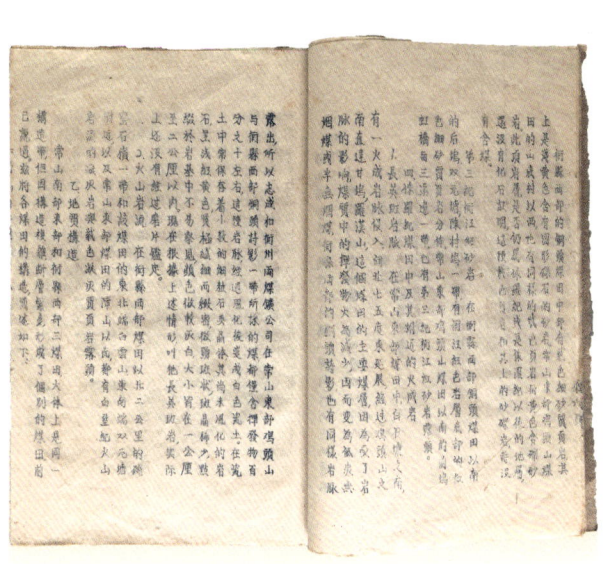

报告内页

50 开发浙江长兴煤田的我见

【资料简介】

由盛莘夫编著,全国地质资料馆收藏,档号为 8347。资料形成时间为 1949 年,内文为毛笔手书,共 6 页。浙江省地质资料档案馆存有油印版,档号为 155。

为明确长兴煤田地质情形,选定计划中的新井钻探地点,作者与仝子鱼、王裕民进行了此次调查。长兴煤田是一个内斜大盆地,中部是煤系以上的二叠纪长兴组灰岩和三叠纪青龙组灰岩,四周是煤系以下的二叠纪及石炭纪地层。宝村新井范围内的小煤山玉槐花勘,煤储量约 300 万吨,槐花勘西至庙山一带约 360 万吨,石臼一带约 340 万吨,牛头山一带约 100 万吨,总计 1100 万吨。

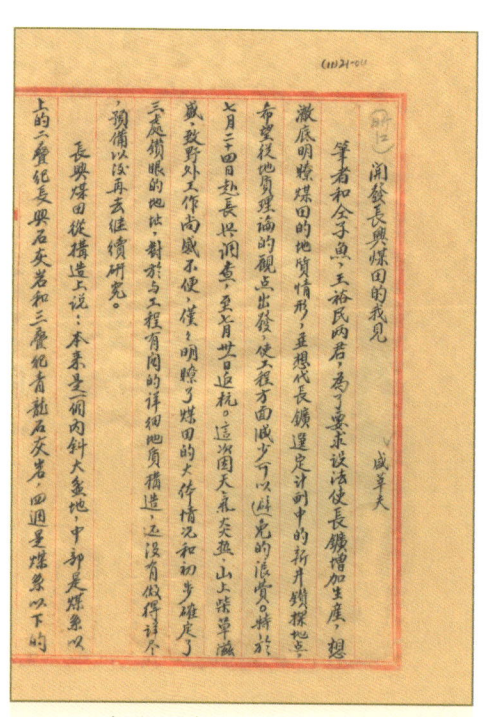

全国地质资料馆馆藏报告首页

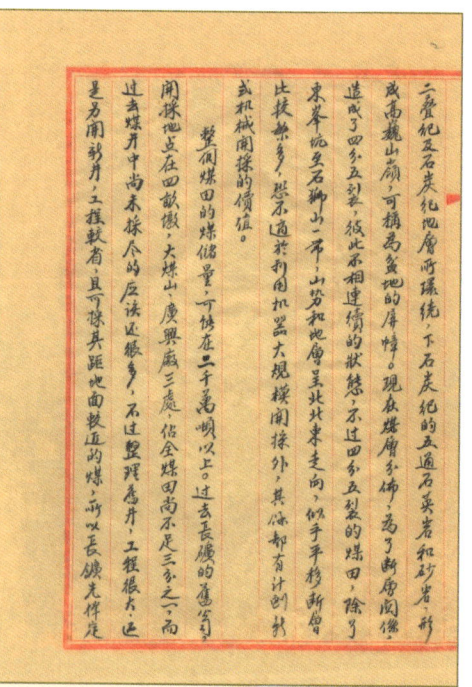

全国地质资料馆馆藏报告内页

浙江省地质资料档案馆馆藏报告内页

浙江省地质资料档案馆馆藏报告首页

51 浙江宁海县沙地铅矿简报

【资料简介】

由章人骏、刘树汉编著,全国地质资料馆收藏,档号为2522。资料形成时间为1951年6月,内文为圆珠笔手书,共3页。浙江省地质资料档案馆存有油印版,档号为142。

矿区位于宁海县城以西15千米处,交通方便。矿区附近为一高达300～400米的山岭,由白垩纪火山熔岩构成。矿脉赋存于流纹岩中,由6条构成,其中1条主脉,5条副脉。主脉走向为北东20度,向南东倾斜40～45度。窿中可见长度达15米,最宽可达60厘米,矿体被废石和水所填淹不能深入了解。矿石以方铅矿为主,少量闪锌矿、黄铜矿、黄铁矿、斑铜矿。方铅矿含量约为69.46%,估计储量为2700吨。

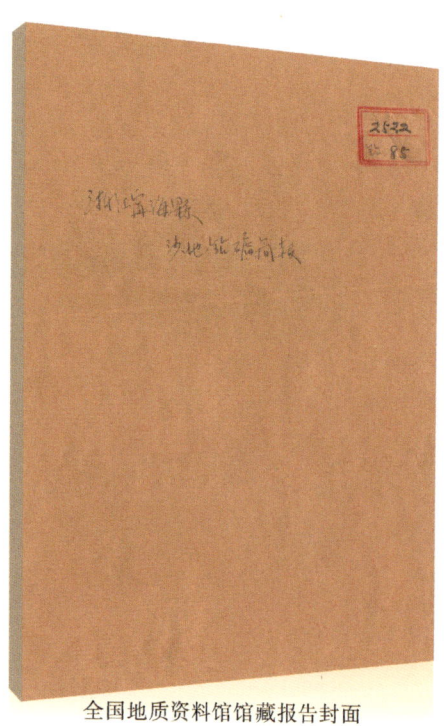

全国地质资料馆馆藏报告封面

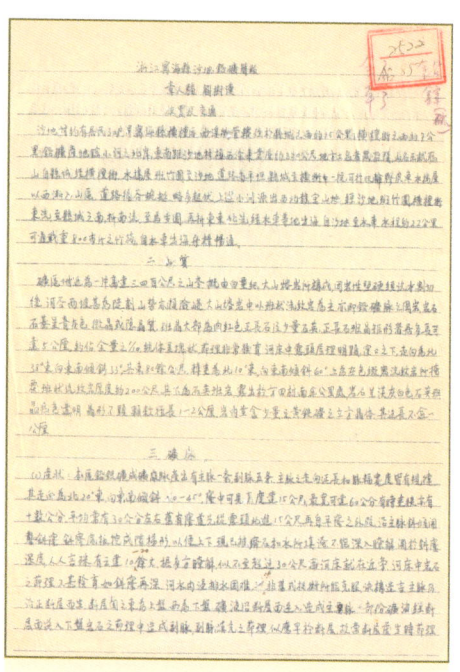

全国地质资料馆馆藏报告首页

浙江省地质资料档案馆馆藏报告封面

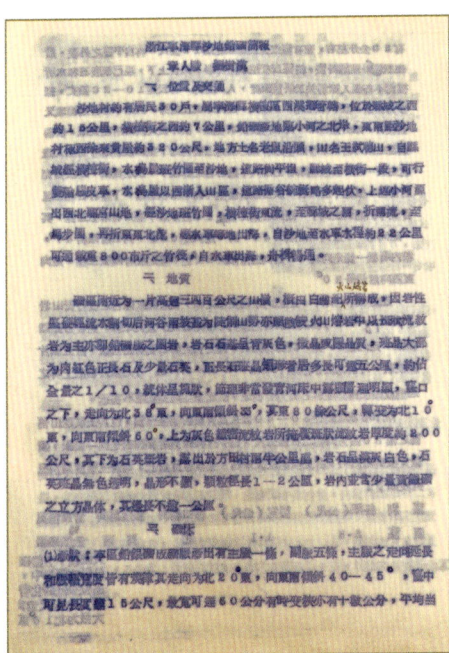

浙江省地质资料档案馆馆藏报告首页

52 诸暨探矿总结

【资料简介】

由朱夏、陈书编著,全国地质资料馆收藏,档号为 6760。资料形成时间为 1952 年 6 月,内文为圆珠笔手书,共 51 页。浙江省地质资料档案馆存有油印版,档号为 221。

该报告是浙江地质调查所与浙江矿业公司对诸暨璜山锌铅矿详探成果。本次勘探工作查明该矿区矿床除位于杨树湾及石壁脚的以外,其余均生于灰岩中。矿床生成与花岗岩有密切关系,属高温交代而成。构成矿床的矿物以闪锌矿为主,养鱼塘、木树厂湾、七湾含少量方铅矿,小银坑见有微量孔雀石,杨树湾矿床有大量黄铁矿体伴生,含少许黄铜矿,石壁脚含磁黄铁矿颇多。从槽探挖出的锌矿石含锌 10%～40%。报告内附《诸暨高大附近地质图》(1∶5000)、《浙江诸暨县石壁脚附近地形图》(1∶2000)。

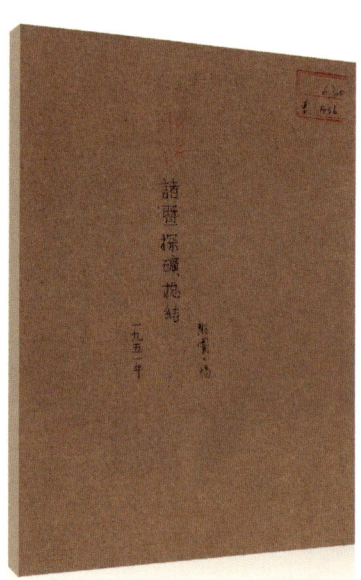

全国地质资料馆馆藏报告封面　　全国地质资料馆馆藏报告首页

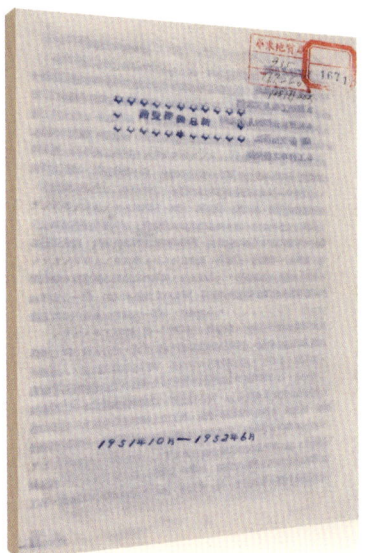

浙江省地质资料档案馆馆藏报告封面

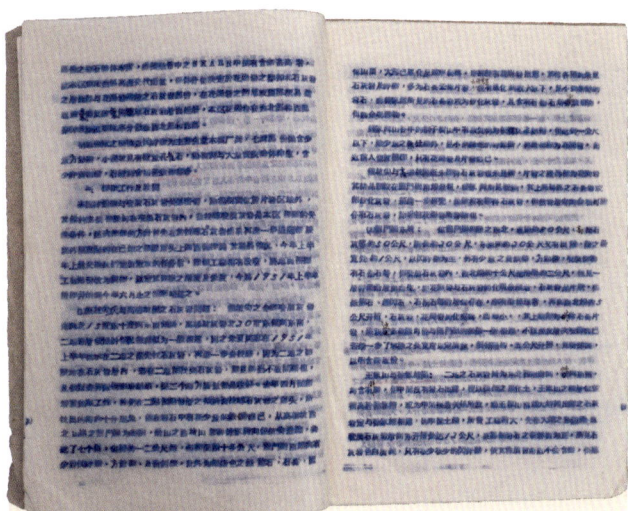

浙江省地质资料档案馆馆藏报告内页

53 浙江江山县清湖区钴土矿调查简报

【资料简介】

由章人骏、方孔裕编著，全国地质资料馆收藏，档号为2526。资料形成时间为1952年4月，内文为圆珠笔手书，共6页。浙江省地质资料档案馆存有抄录稿，档号为228。

江山钴土矿都在县城西南的清湖区内，产地有7处，分属4个乡管辖：①贺村乡路口村；②前村乡石口后山、三大堂、山墨岗；③湖前乡毛家坞后山；④敖平乡深塘龙、胡家山。矿区地层比较简单，由凝灰岩、细砂岩构成，岩层平缓，倾角10～15度。矿体产于凝灰岩中，钴土矿呈不规则的片状或块状，多孔状、钟乳石状。在山墨岗、竹叶山等处产于凝灰岩的风化土壤中，含钴量为1.5%～4%。该矿发现于明清之际，由当地农民开采。

全国地质资料馆馆藏报告封面

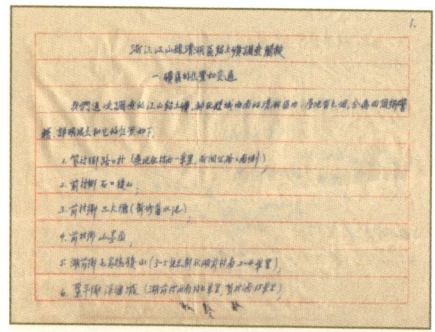

全国地质资料馆馆藏报告首页

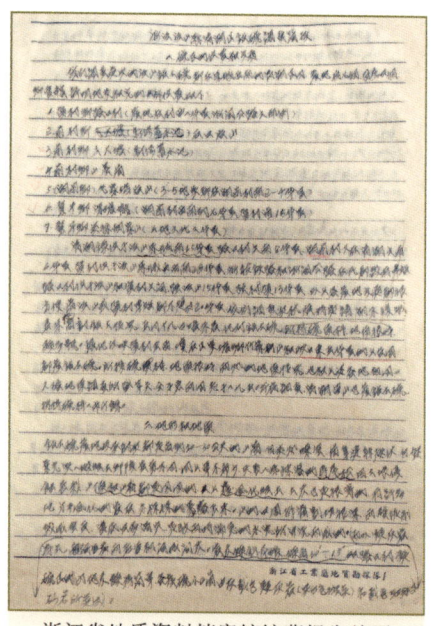

浙江省地质资料档案馆馆藏报告首页

54 浙江龙游县溪口黄铁矿调查报告

【资料简介】

由仝子鱼编著,全国地质资料馆收藏,档号为2478。资料形成时间为1952年10月,内文为圆珠笔手书,共2页。浙江省地质资料档案馆存有原稿复制件,档号为241。

报告简述了龙游县城南溪口黄铁矿地质调查成果。溪口在龙游县城之南,沿公路长约24千米。本区所见最老地层为变质岩系,时代尚难确定。地层最下层为石英岩,厚约150米,其上为石英片岩,厚约100米,本区较高的山顶均为流纹岩。侵入岩除石英斑岩岩脉及伟晶花岗岩岩脉外,主要为深成花岗岩体露头。该矿的形成原因是花岗岩岩浆的侵入,造成了黄铁矿床沿岩层节理裂隙形成矿脉。根据调查,溪口黄铁矿无再探价值。长田畈黄铁矿在溪口东南3.5千米。估计此处矿体深度不过10米,其走向可能有向山上发展的趋势,不过两面山上覆土甚厚,勘探可能较困难,但本区亦有勘探的价值。

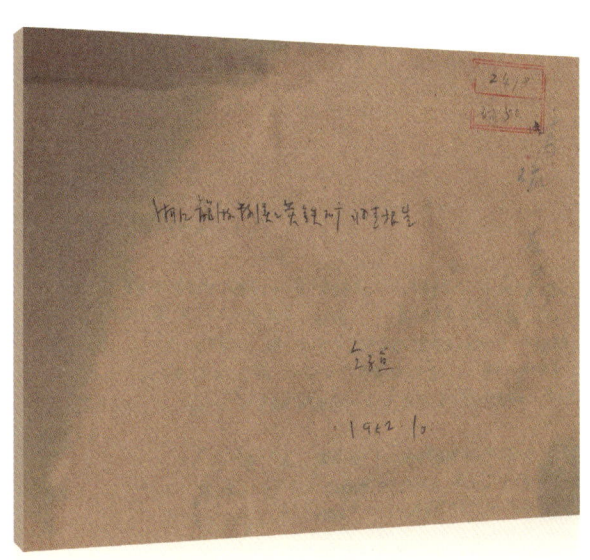

全国地质资料馆馆藏报告封面

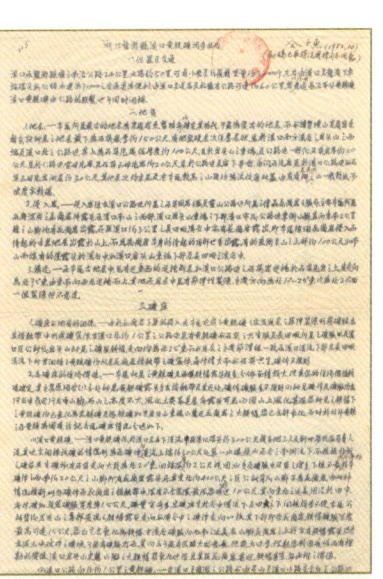

全国地质资料馆馆藏报告首页

55 浙江省遂昌县治岭头黄铁矿复勘简报

【资料简介】

由朱庭祜等编著,浙江省地质资料档案馆收藏,档号为243。资料形成时间为1952年12月,内文为油印版,共7页。全国地质资料馆存有油印版,档号为6520。

该报告是华东工业部地质处派员对浙江省遂昌县治岭头黄铁矿进行复勘后所著。勘察表明:该区域火山岩甚为发育,有侵入岩体及岩脉活动,一部分火山岩系变质为变质岩,其后又有成矿作用,使部分变质岩与火山岩中有矿化带生成。侵入岩为花岗闪长岩,与其接近的片麻岩,由于接触变质作用,为部分火山岩所变成,矿浆在侵入岩和岩脉生成之后,上升至变质岩及火山岩系的裂隙、节理中凝结,多成扁豆体,在变质岩中者较小,火山岩系中者较大。黄铁矿为细结晶粒状、散浸状,共生有方铅矿、氟石①,铁帽中有蓝铜矿、孔雀石等矿石,储量总数为197 510吨。

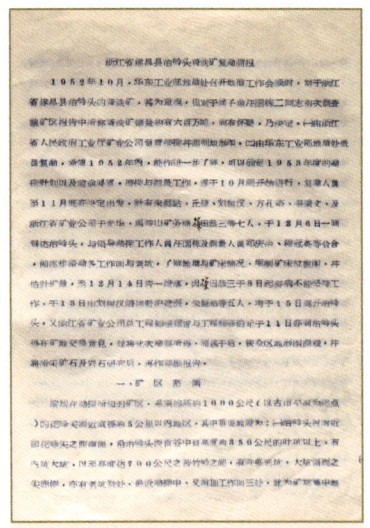

浙江省地质资料档案馆馆藏报告首页

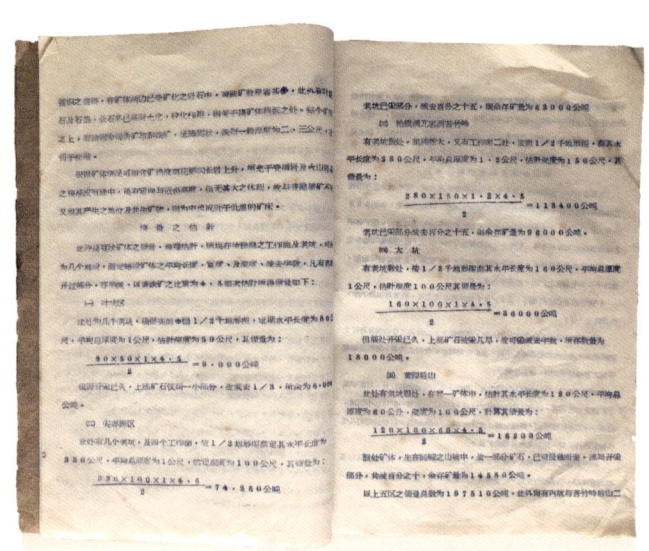

浙江省地质资料档案馆馆藏报告内页

① 氟石:即萤石。

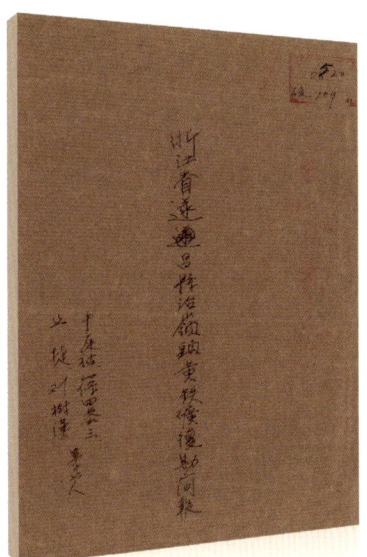

全国地质资料馆馆藏报告封面

全国地质资料馆馆藏报告首页

56　浙江余杭县闲林埠钼矿报告

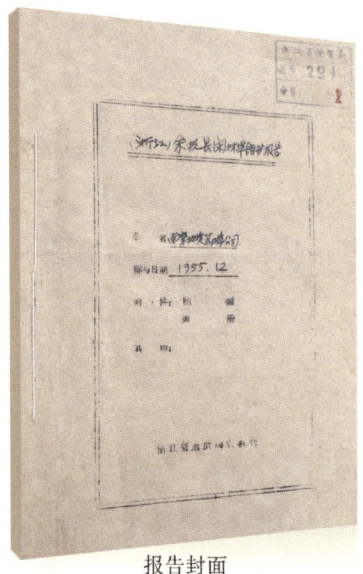

报告封面

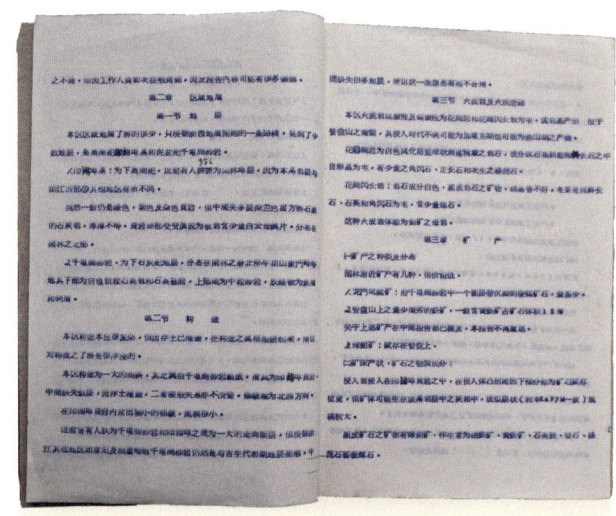

报告内页

【资料简介】

  由南京地质勘探公司编著,浙江省地质资料档案馆收藏,档号为291。资料形成时间为1955年12月,内文为油印版,共5页。

  余杭县闲林埠钼矿位于浙江省杭州市西27千米处。该矿区出露地层为下奥陶统印渚埠组及下石炭统千里岗组砂岩;火成岩以花岗岩和花岗闪长岩为主,呈岩基状产出。矿床位于侵入岩与印渚埠组灰岩中,为接触交代型矿床,呈似层状。组成矿石为辉钼矿,伴生磁铁矿、黄铁矿、石英、萤石、绿泥石、蔷薇辉石。矿体长200米,宽50米,厚15米,除钼矿外有磁铁矿、铅锌矿,品位不高,但矿量大。建议对矿区进行进一步的详查。

57　青田东山方铅矿调查报告

【资料简介】

　　由李治孝、陈文苕编著,全国地质资料馆收藏,档号为 15444。资料形成时间为 1956 年 5 月,内文为圆珠笔手书,共 3 页。浙江省地质资料档案馆存有原稿复制件,档号为 273。

　　该报告是在温州伞厂计划部分工人转业开采东山铅锌矿时,作者奉命前往实地调查所著。青田县东山村位于永加县城西北 50 千米处,距温溪 15 千米。东山方铅矿以尧田谷矿脉较佳,矿脉 1.5 米宽者有 12 米,0.2～0.4 米宽者有 30 米。伴(共)生矿物有闪锌矿、黄铜矿、黄铁矿、氟石[①]等,围岩以硅化、绿泥石化为主。东山矿脉小,变化大,不宜单独开采,故将东山、孙坑一带 6 个铅锌矿点统一开采,以东山铅矿为重点。

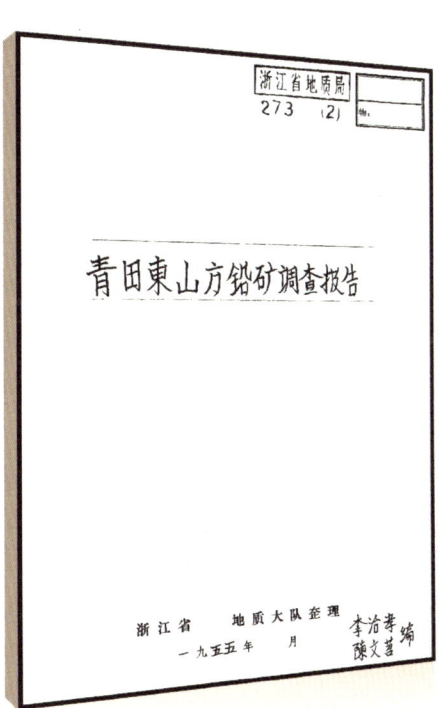

全国地质资料馆馆藏报告封面　　全国地质资料馆馆藏报告首页

---

①　氟石:即萤石。

58 浙江省绍兴县漓渚铁矿区初步地质勘探总结报告

全国地质资料馆馆藏报告封面

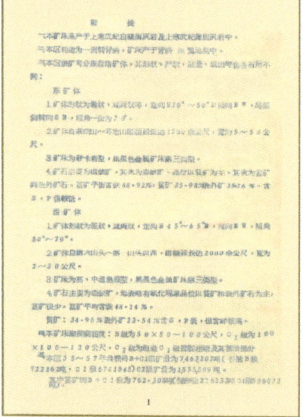

全国地质资料馆馆藏报告首页

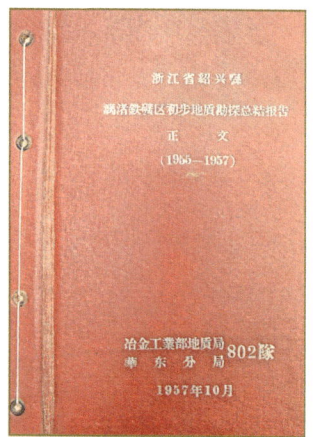

浙江省地质资料档案馆馆藏报告封面

【资料简介】

由赵明德等编著,浙江省地质资料档案馆收藏,档号为418。资料形成时间为1957年10月,内文为铅印版,含正文1份,共118页,附图95张,附件4份。全国地质资料馆存有油印版,档号为12481。

该报告系冶金工业部地质局华东分局802队对漓渚铁矿进行地质普查及初步勘探的成果。漓渚铁矿位于绍兴县棠棣乡,系产于晚寒武世白垩质灰岩及晚寒武世薄层灰岩中,铁矿可分东、西两个矿体。投入工作量:钻探2 730.6米,槽探2 463.1米。矿床矿石成分以磁铁矿为主,次为赤铁矿、褐铁矿;脉石矿物以矽卡岩矿物为主;含硫矿物主要为黄铁矿、闪锌矿等。东矿体为囊状、豆荚状,长达1700米、宽为5～50米,磁铁矿生成有两期,后期穿插于前期中,系岩浆期后所带出的含铁熔液在还原条件下与二氧化碳作用生成的矽卡岩类矿床;西矿体为脉状、豆荚状,断续延伸段2000米,宽为2～30米,为高中温热液型。铁矿石以贫矿(含铁量30%～45%)为主,1955年至1957年共获得B+C1级矿量7 463 207吨,C2级矿量1 555 509吨。

59 浙西淳安威坪磷矿区放射性元素顺便检查报告

【资料简介】

由地质部华东地质局三七七普查队编著,浙江省地质资料档案馆收藏,档号为2003。资料形成时间为1957年12月,内文为铅印版,含正文1份,共27页,附图53张,附表4份。

本矿区位于淳安县威坪镇蛟池村,面积约为12平方千米。本次工作以地面伽马测量为主,结合剖面踏勘,采用Pπ-1型辐射仪。完成工作量:1:10万地质测量相应检查10平方千米,1:5000地质测量443点,槽井和平巷9727点,采样138个。矿区地层以黑色碳质页岩为主,富含磷质,其放射性强度较高。发现异常11处,一般强度60～250伽马,最高8000伽马,但范围小且分散,呈点状局部分布。铀含量一般为0.15%～0.17%,这些异常的地球物理特征与地质特征往往反映岩层变化复杂、断裂裂隙有黄土充填或经风化呈粉末状。本区铀矿异常属性有待进一步确认。本区黑色页岩地区为寻找铀矿床的远景地区。

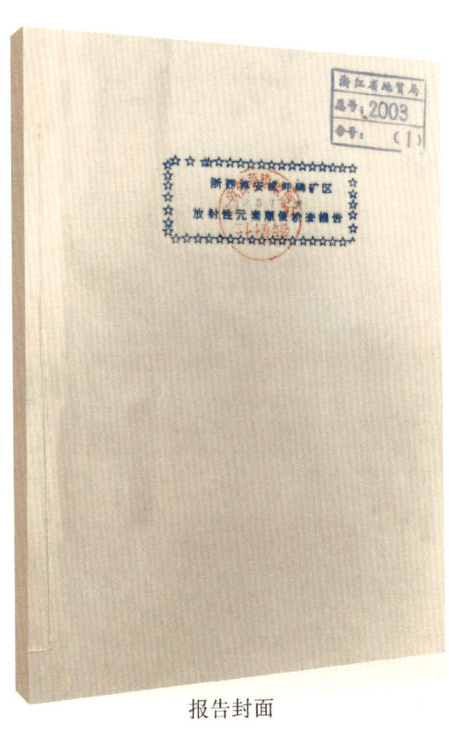

报告封面

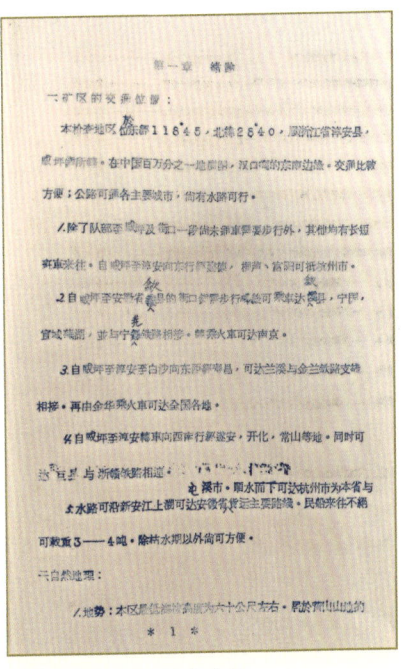

报告首页

(二)非金属矿产

60 武义永康区萤石矿产报告

【资料简介】

由李璞编著,浙江省地质资料档案馆收藏,档号为112。资料形成时间为1947年7月,内文为油印版,共19页。全国地质资料馆存有油印版,档号为4316。

该报告对武义县和永康县两地萤石矿进行了详述。报告指出矿区内所见地层均为火山岩系,包括石英斑岩、流纹岩、凝灰岩及凝灰角砾岩等。有多个矿点,包括武义唐黑区、武义上马塘区、大塘口区、溪里屋基山区、永康大皇尖区、永康横山区、金华大公山区等。两地萤石矿矿藏丰富,共有可采纯矿1 443 485吨,发展前景较好,矿业恢复在当时技术上无问题,作者建议以国内出路为本,减少对外输出。

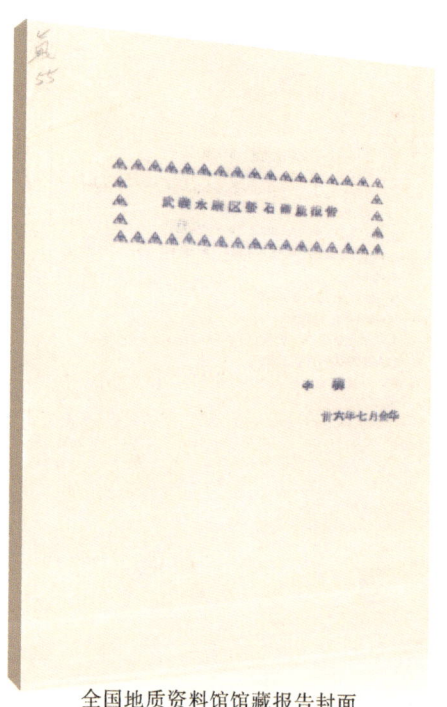

全国地质资料馆馆藏报告封面　　浙江省地质资料档案馆馆藏报告首页

61　浙江象山县五狮山萤石矿

【资料简介】

　　由刘国忠编著,浙江省地质资料档案馆收藏,档号为 115。资料形成时间为 1947 年 11 月,内文为油印版,共 4 页。

　　浙江象山县五狮山萤石矿于 1922 年至 1927 年由私人开采,后因亏损停工,1941 年至 1945 年被日本侵占并开采 4 年。该矿床位于五狮山腹部,呈脉状产出,矿脉呈南西倾向、倾角为 65～70 度,露头长 700 米,平均脉宽 2.5 米,最宽处约 12 米。矿石品位含氟化钙 55%。估算储量达 65 万吨,已采出量约为 5 万吨,尚余矿量 60 万吨。

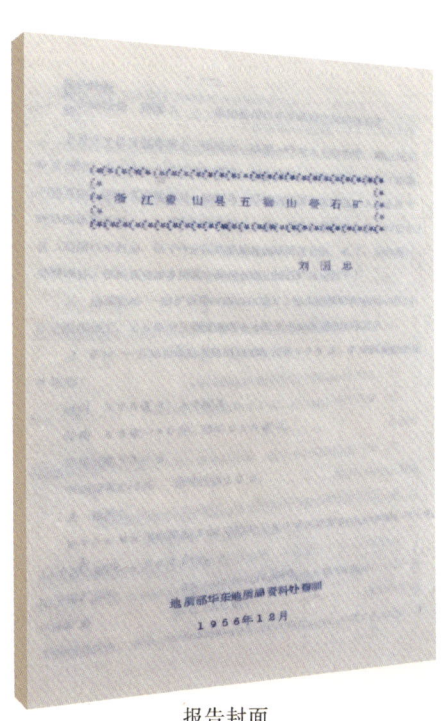

报告封面　　　　　　　　　　报告首页

62 浙江江山萤石矿简报

【资料简介】

由赵家骧、马子骥、王宗彝编著,全国地质资料馆收藏,档号为2620。资料形成时间为1948年7月,内文为毛笔、铅笔手书,共14页。浙江省地质资料档案馆存有抄录稿,档号为119。

矿区位于江山县城南20千米处,萤石矿呈脉状赋存于建德系火山凝灰岩和流纹岩中,主矿脉有两条,一条为后徐山矿脉,另一条为黄枝坞矿脉。矿脉均近于直立产出,后徐山矿脉长1000米,厚0.5～2.5米、平均为1.5米;黄枝坞矿脉长约1000米,厚1.5～3米,平均为2米左右。萤石有绿色和白色两种,矿石类型以石英-萤石型为主,估算储量为170万吨,宜深入开发。报告内附《浙江江山长台镇萤石矿地质图》(1∶5000)。

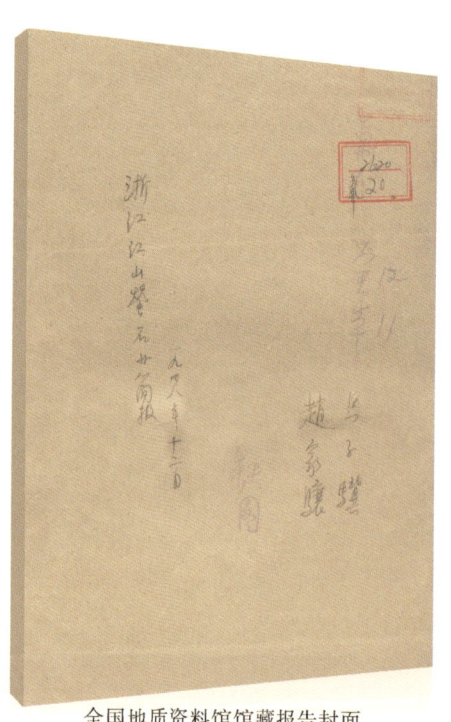

全国地质资料馆馆藏报告封面

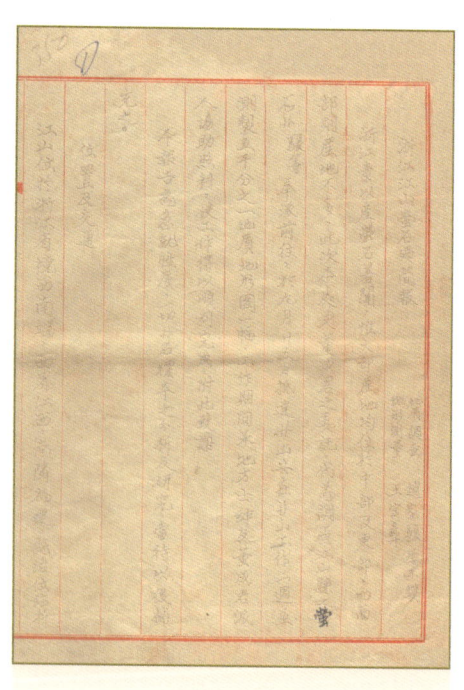

全国地质资料馆馆藏报告首页

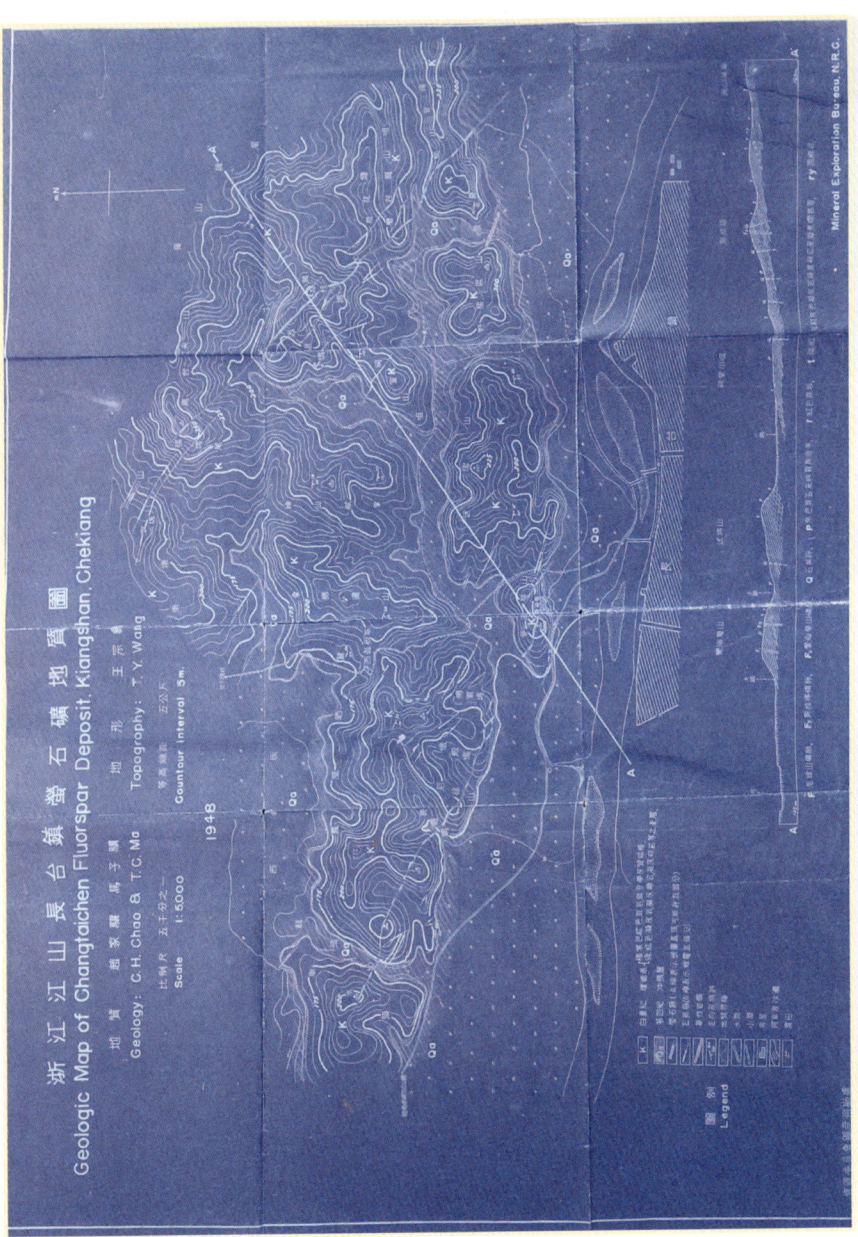

浙江省地质资料档案馆藏报告附图

第三部分 地质矿产调查助力新中国建设

79

63　杭州石灰石

【资料简介】

　　由陈岱、吴社鸿、刘国昌、王文超、李伯皋编著，浙江省地质资料档案馆收藏，档号为120。资料形成时间为1949年4月，内文为铅印版，共6页。全国地质资料馆存有铅印版，档号为2550。

　　该报告收录在《资源委员会水泥资源调查团丛刊》[①]第21号，论述了杭州区位条件、石灰石地质条件和品质等内容，认为南部九耀山、将台山一带黄龙组、船山组灰岩，质好量大，估算储量可达1323万吨，适宜开采，建议设立水泥厂，改变当时全省水泥靠上海供应的不利局面，报告内附《杭州石灰岩分布图》。

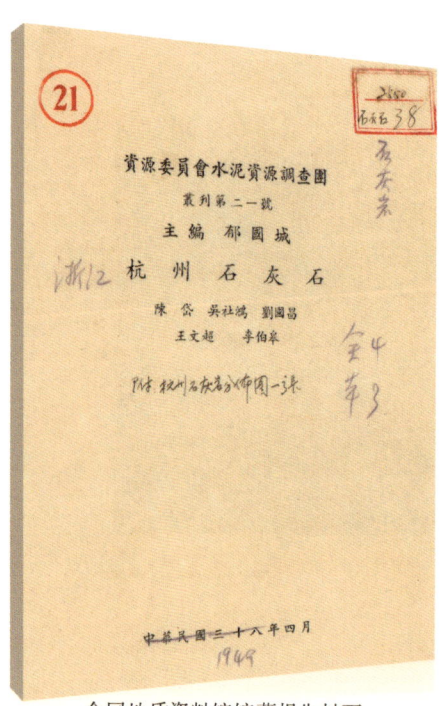

全国地质资料馆馆藏报告封面

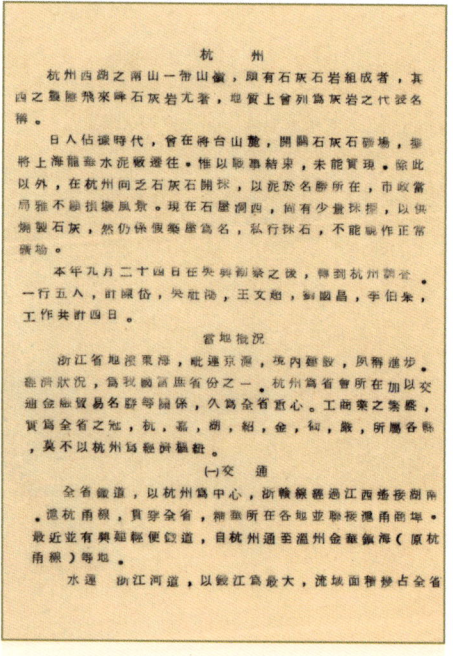

全国地质资料馆馆藏报告首页

---

① 《资源委员会水泥资源调查团丛刊》创刊于1949年，主编为郁国城，浙江省地质资料档案馆还收录了此刊第19号《镇江石灰石》、第20号《吴兴石灰石》。

浙江省地质资料档案馆馆藏
报告封面

浙江省地质资料档案馆馆藏报告附图

64 浙江省硫铁矿摘要调查报告

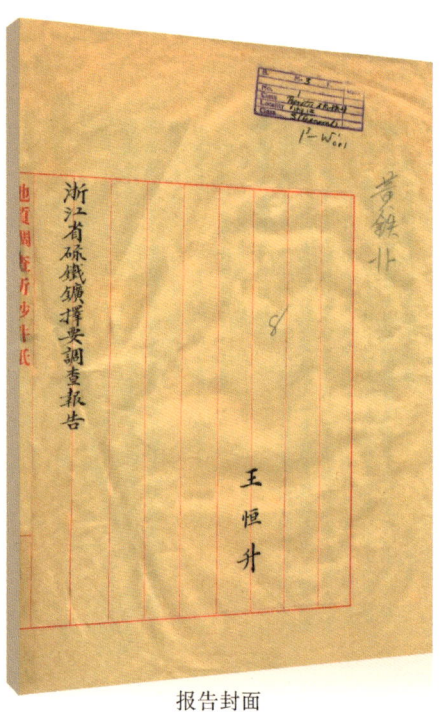

报告封面

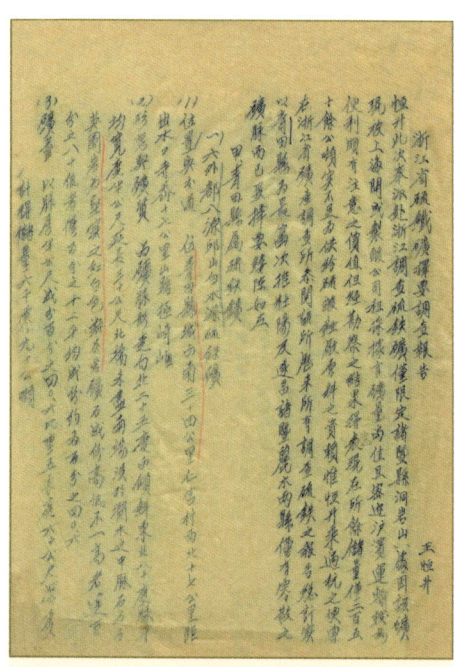

报告首页

【资料简介】

由王恒升编著,全国地质资料馆收藏,档号为1066。资料形成时间为1949年,内文为圆珠笔手书,共9页。

浙江省硫铁矿,以青田县为最富,次为杜阳及遂昌,诸暨、丽水两县仅有零散矿脉。①青田县属硫铁矿,六外都八源邱山白硫铁矿位于青田县城西南34千米,仁宫村西北17千米处,矿脉走向为335度,北东倾,倾角为80度,脉平均宽0.5米,延长30米,脉石为石英,围岩为凝灰岩,矿石成分为12%~80%,平均品位约40.6%,长60米,深100米,计算储量可达6090吨。②青田县17都蔡村望湖岗硫铁矿,位于县城西北62千米,王坑村北2千米,蔡村南1千米处,矿脉走向为340度,南西倾,倾角为60度,出露长70米,脉厚7厘米,脉石为石英,围岩为花岗岩,矿石品位约为14%,矿脉深50米,估算硫铁矿储量可达1142吨。

65 义乌萤石矿简报

【资料简介】

由全国地质资料馆收藏,档号为4315。资料形成时间为1949年,内文为毛笔手书,共12页。浙江省地质资料档案馆存有油印版,档号为126。

义乌萤石矿包括云黄山、天公山、岩坑山岭水源3个区。云黄山区位于塔山下村后,西距佛堂镇8千米。此区的矿化甚为发育,主要矿脉有4条,合计储量为6.2万吨。在地表以下70米以内的矿床大部分被日本侵略者采去,所余矿量仅3.1万吨,不足作大规模开采。天公山区位于义乌东南约12.5千米处,该区尚余储量约4.99万吨。岩坑山岭水源区位于义乌县城东南10千米处,该区矿量多,矿质佳,除去日本侵略者已采1/3外,尚余12.4万吨。

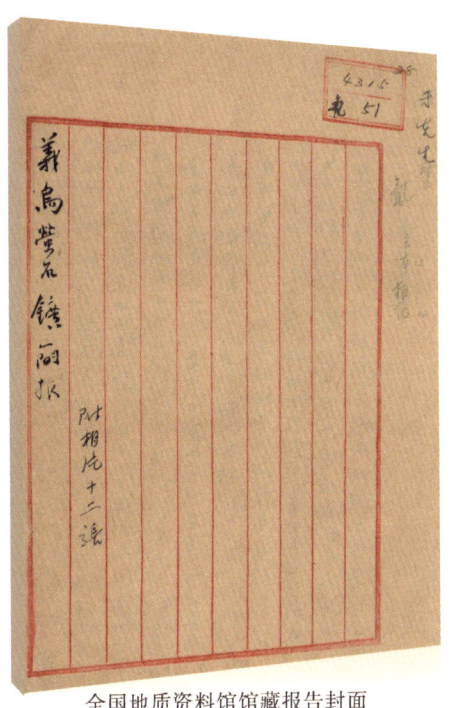

全国地质资料馆馆藏报告封面

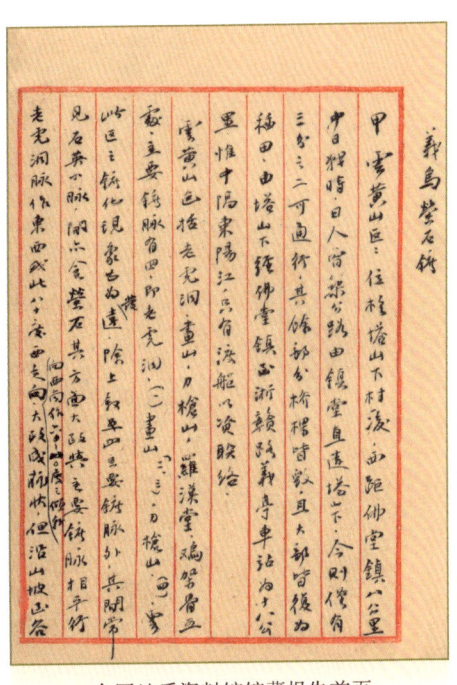

全国地质资料馆馆藏报告首页

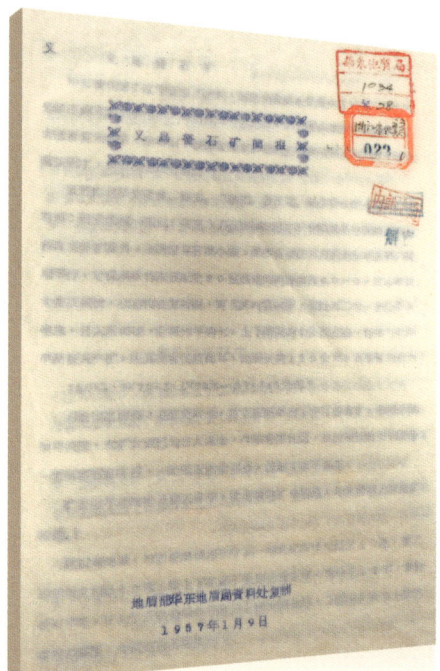

浙江省地质资料档案馆馆藏报告封面

浙江省地质资料档案馆馆藏报告首页

66　浙江中部的萤石矿

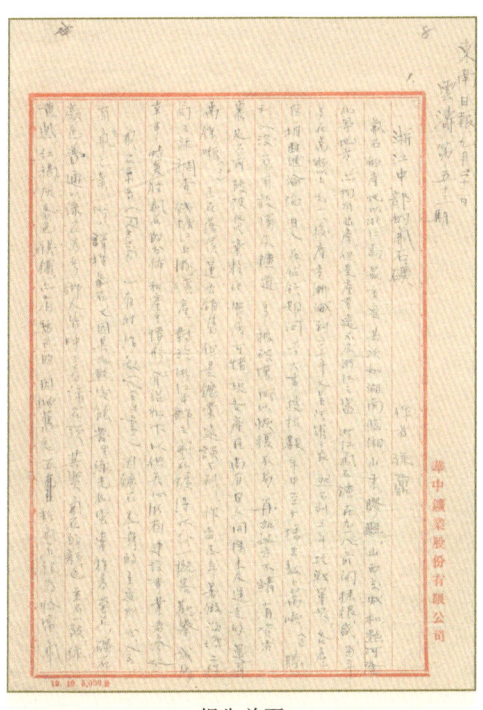

报告首页

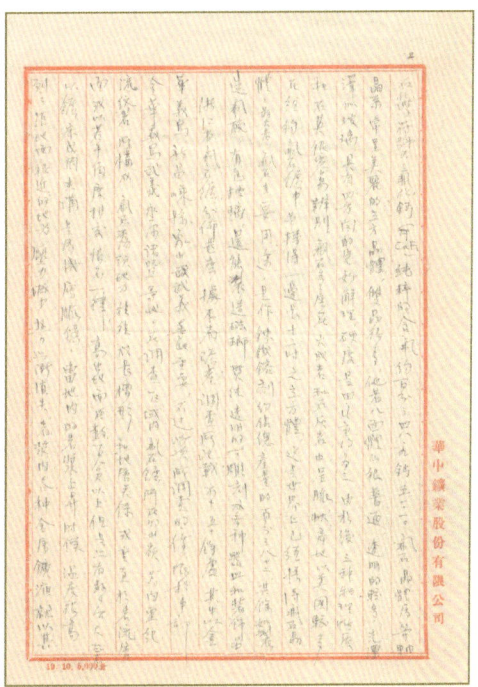

报告内页

【资料简介】

由孙鼐编著,全国地质资料馆收藏,档号为 4322。资料形成时间为 1949 年,内文为圆珠笔手书,共 13 页。

浙江省萤石矿分布甚广,据记载有 50 余处。其中以金华、义乌、武义、新昌、嵊县、象山等地最为重要。此次调查仅限于中部金华、义乌、武义、永康、诸暨等地。调查区域内萤石矿所在的山岭由白垩纪流纹岩构成。萤石露头处呈长槽形,与地层关系为或垂直于岩流层面或以若干角度相交,很不一致。矿床属浅层脉矿。在调查区内萤石矿之多首推义乌,武义、金华次之,永康、浦江、诸暨又次之。报告对调查的十余处矿区就矿区位置、矿床地质、储量及开采情况分别进行了叙述。

67 浙江省武义县氟石①矿调查报告

【资料简介】

由胡克俺、王裕民编著,全国地质资料馆收藏,档号为2567。资料形成时间为1950年,内文为圆珠笔、毛笔手书,共24页。浙江省地质资料档案馆存有抄录稿,档号为207。

该报告是作者为修整氟石矿区并打开矿石销路,奉命前往矿区调查时所著。报告指出该县各矿区尚存矿量共计11 300吨。由于开采后露天存放多年,有氧化现象,经手选和水漂,最纯者品位可达95%以上,但也有部分品位在60%以下。调查表明矿石运输成本高于开采成本一倍有余,矿石由矿区运到金华东站装车,也有部分从水路运输。报告建议成立氟石矿办事处,负责了解国内外矿石需求量,并统一负责运销;建议由地质调查所对全省氟石矿开展全面调查,重点调查集中在武义、金华、嵊县等地;建议铁道部铺设武义至金华的原有轻轨铁道,降低运输成本。报告内附《武义县氟石矿区分布图》(1:40 000)。

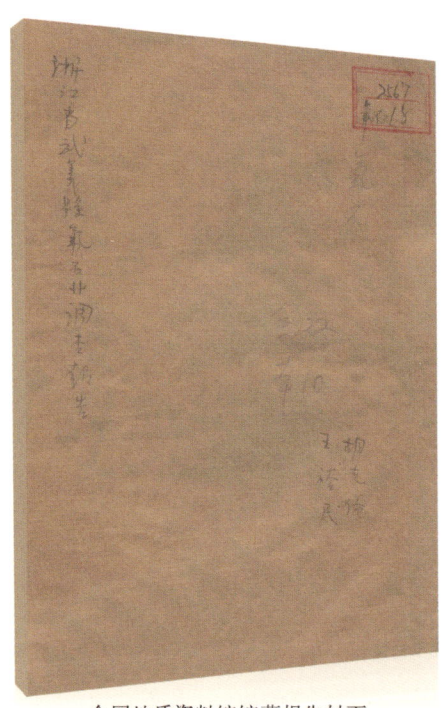

全国地质资料馆藏报告封面

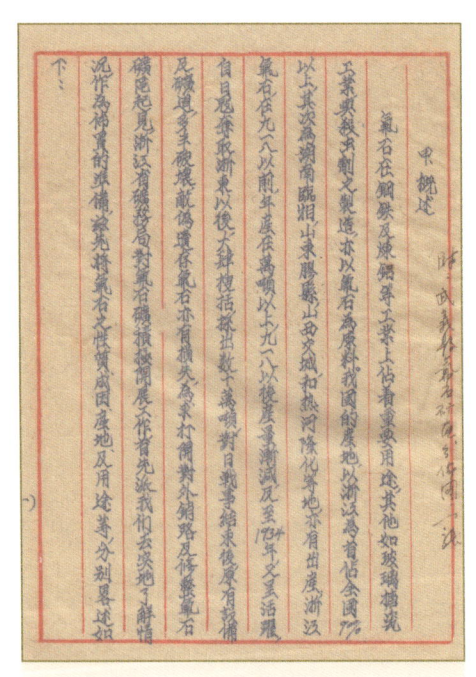

全国地质资料馆馆藏报告首页

---

① 氟石:即萤石。

68 江山西南郊水泥原料查勘总结

【资料简介】

由章涛、章人骏编著,全国地质资料馆收藏,档号为15520。资料形成时间为1952年6月,内文为圆珠笔手书,共3页。浙江省地质资料档案馆存有抄录稿,档号为229。

水泥厂在江山县城西南距汽车南站1.5千米处,有狭长荒地,面积达0.333平方千米以上,高于稻田3米,地基下1~2米为岩石基础,可建厂。水泥原料:离厂200~500米有老虎山石灰岩,地平面以上有1500万吨储量,彭里溪边地平面以上有500万吨储量,碳酸钙含量为95%~98.4%,镁含量合乎要求。黏土:附近未找到合适者,唯有红土层配以高铝页岩合用,此页岩在奥陶系或侏罗系中可找到,奥陶系页岩含三氧化二铝26.5%、三氧化二铁8.02%,侏罗系页岩含三氧化二铝23.16%、三氧化二铁9.72%。以水泥厂日产500吨计,年需灰岩23万吨,可开百年。建议派员详测矿区地形,确计储量,寻找页岩,成立机构进行建厂筹备等。

全国地质资料馆馆藏报告封面

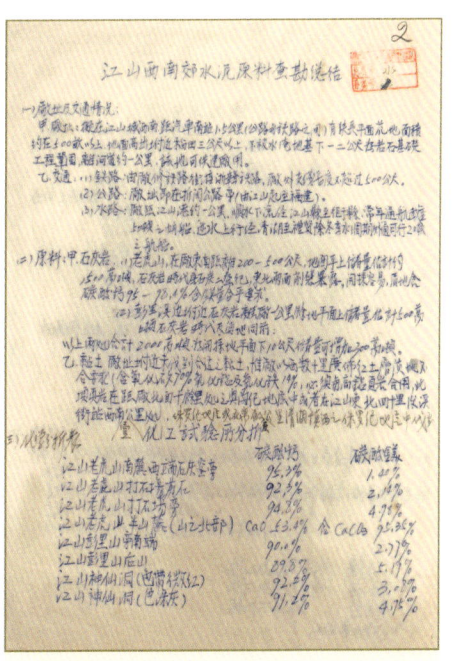

全国地质资料档案馆馆藏报告首页

69 青田山口区叶蜡石矿踏勘报告

【资料简介】

由朱佩璋编著,浙江省地质资料档案馆收藏,档号为295。资料形成时间为1956年,内文为抄录稿,共10页。

矿区位于青田县城东南百山口镇,主要有奕土山、图画山、丰门山、白羊山等采场。叶蜡石产于花岗岩侵入体与流纹岩外接触带的外带,该带向外为流纹岩,向内为黄铁矿化变质石英岩带。叶蜡石可分为冻石、镌刻石、次蜡石、硬蜡石等,前两者供镌刻饰物,次蜡石作耐火材料,硬蜡石矿上丢弃不用。利用开采井硐估算,储量共计27万吨。

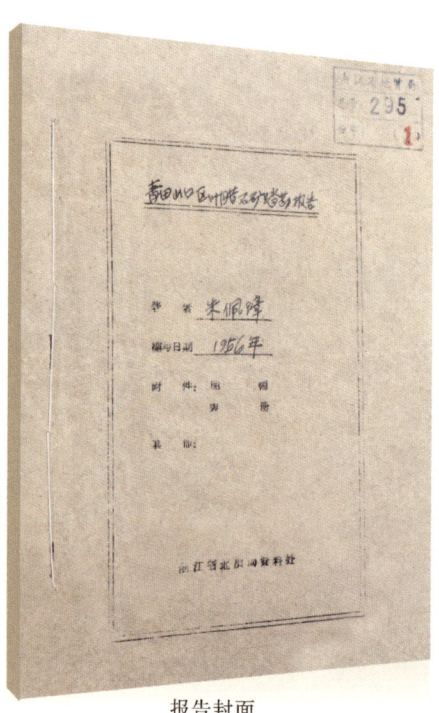

报告封面

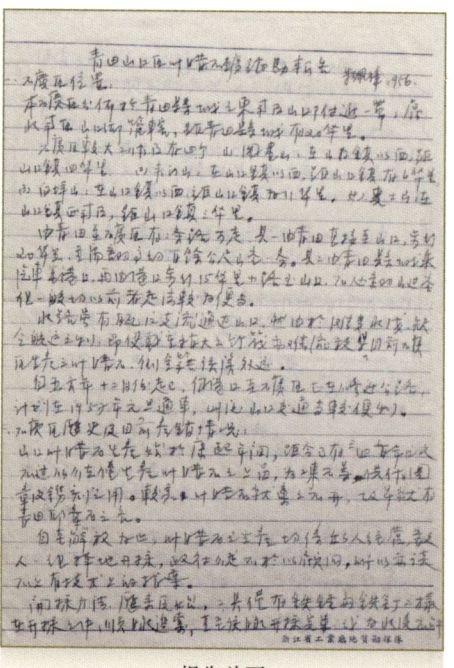

报告首页

70 浙江瑞安仙岩矾矿普查小结

【资料简介】

由成子强编著,浙江省地质资料档案馆收藏,档号为413。资料形成时间为1957年9月,内文为油印版,共6页。全国地质资料馆存有油印版,档号为15439。

矿区距瑞安16千米,区内广泛出露白垩纪流纹岩及花岗闪长岩侵入体,矾矿层产于凝灰岩中,矾化颇深,但程度不一,中有若干条粉红色半透明的矾矿脉,局部残留有流线构造和黄铁矿浸染,呈灰白色、紫色及粉红色,宽200～250米,似层状,为低温热液型矿床。品位分3级：Ⅰ级含矾97%,含硫酐35%～53%；Ⅱ级含矾72%,含硫酐10%左右；Ⅲ级含矾50%,含硫酐10%以下。矿体平均厚200米,长1000米,品位变化自下而上逐渐可观,平均品位为60%～70%,初步估算明矾石储量为6400万吨,矿区外围的天马山、马屿矾矿规模更大。

全国地质资料馆馆藏报告封面

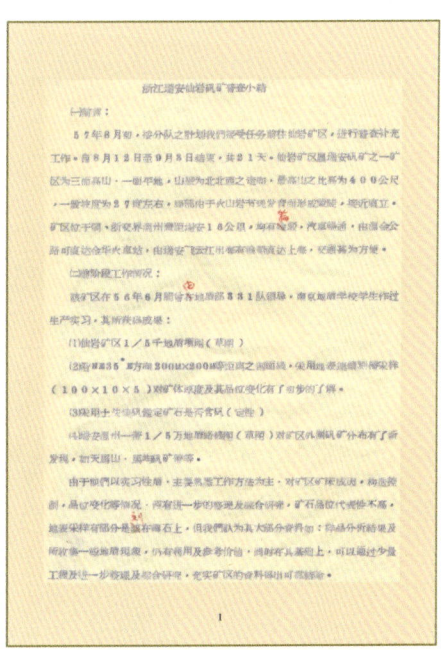

全国地质资料馆馆藏报告首页

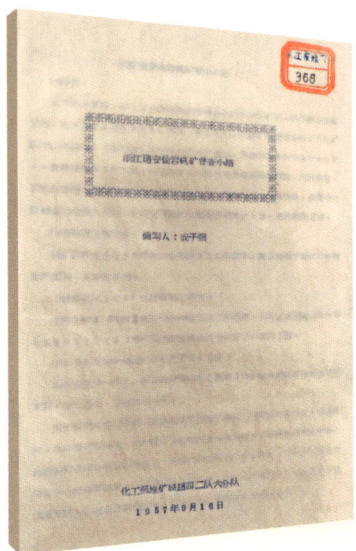

浙江省地质资料档案馆馆藏报告封面

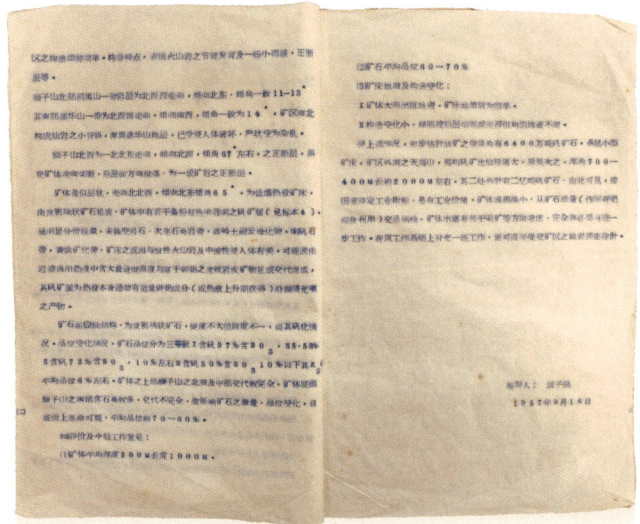

浙江省地质资料档案馆馆藏报告内页

（三）工程地质勘察

71 调查诸暨蟹坞潭水仓地质报告

【资料简介】

由盛莘夫编著，浙江省地质资料档案馆收藏，档号为 204。资料形成时间为 1950 年 2 月，内文为油印版，共 5 页。报告内附 1 幅图，为手绘图。全国地质资料馆存有油印版，档号为 9266。

该报告是对位于诸暨县齐鲤乡全堂村东南 1.5 千米处的诸暨蟹坞潭水库进行调查研究成果。作者认为该水库区分布为流纹岩，岩石地基牢固，两组北西向和北东向节理不发育，且地势良好，适宜修建水库，报告内附《诸暨蟹坞水仓地形图》。

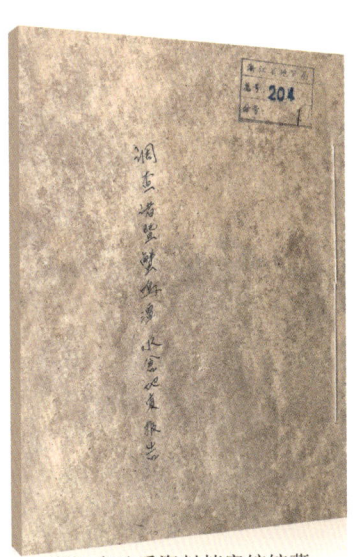

浙江省地质资料档案馆馆藏
报告封面

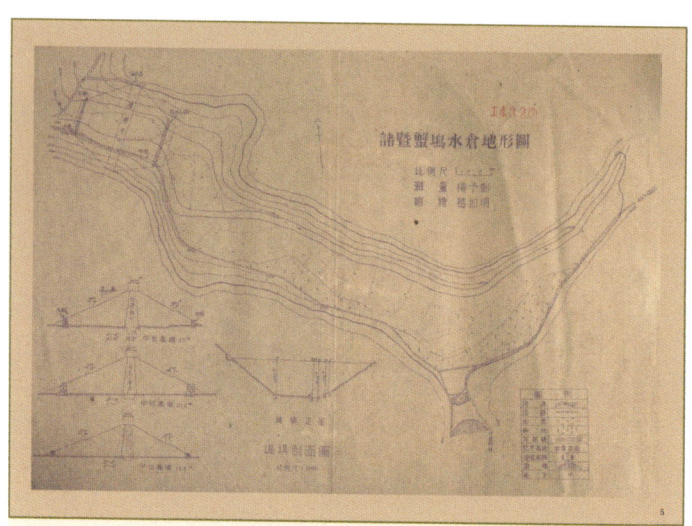

浙江省地质资料档案馆馆藏报告附图

全国地质资料馆馆藏报告封面

全国地质资料馆馆藏报告首页

72 钱塘江流域水力发电计划坝址地质报告

【资料简介】

由朱庭祜、盛莘夫编著,全国地质资料馆收藏,档号为2479。资料形成时间为1950年,内文为圆珠笔手书,共6页。浙江省地质资料档案馆存有抄录稿,档号为199。

钱塘江在浙江省北境,长350余千米,流域面积为42 500平方千米。上游及支流河床陡峻,若建设水电站即可输运京、沪、杭一带,以供应工厂原动力,且可调节流量,减少水患,亦可便利航运。作者对钱塘江流域(浙江省境内)进行调查,认为芦茨埠坝址、街口坝址、邵村坝址、罗桐埠坝址、黄坛口坝址、灰埠坝址等基岩出露好、裂隙少、坝基牢,适宜修建水坝,并详细论述了各坝址区位条件、地形地质情况等。希望通过水坝建设,保障电力供应,推动浙江省发展建设。

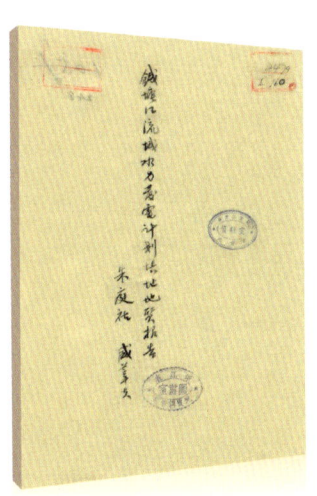

全国地质资料馆馆藏报告封面

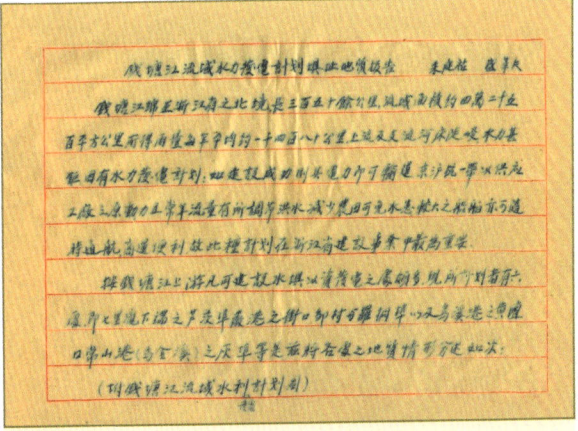

全国地质资料馆馆藏报告首页

73 对浙江浦阳江安华水库意见

【资料简介】

由盛莘夫编著,全国地质资料馆收藏,档号为 6536。资料形成时间为 1953 年 2 月,内文为油印版,共 2 页。

安华水库的坝址,位于安华西北 1.5 千米、吴村埠东南 500 米的较狭河谷处。坝址两岸岩石为白垩纪流纹岩,走向北东。同一层位的流纹岩在坝址西南形成江岸山、竹岭五指山、刀山等北东走向的山脉。坝址以北形成布谷岭斗子山一带略呈南北向的山脉,在此流纹岩山脉的东南,为红色凝灰岩、凝灰砾岩及红色砂岩等,倾向西北,两者间似为断层接触。在流纹岩之下,可能还有红色凝灰岩存在,在安华与吴村埠间的一段河床中有西北向平行的横断层存在。欲在该处筑坝,必须先进行钻探,方能了解受横断层所破坏的程度,以及流纹岩以下是否尚有不坚实的红色凝灰页岩的存在。

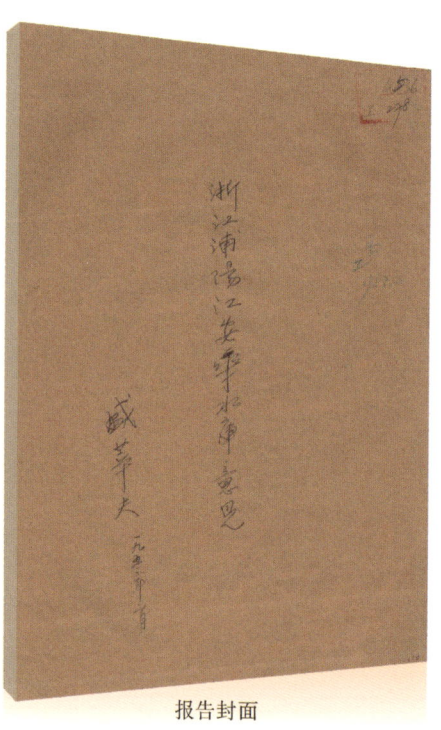

报告封面　　　　　　　报告首页

74 浙江乌溪港黄坛口建设水力发电的工程地质

【资料简介】

由盛莘夫编著,全国地质资料馆收藏,档号为1457。资料形成时间为1951年8月,内文为铅印版,共11页。浙江省地质资料档案馆存有铅印版,档号为179。

报告收录在《浙江地质》第二号。黄坛口水电站是新中国第一座自行设计、管理并建造的中型水电站,工程于1951年开工。本报告为黄坛口地区工程地质调查报告,内容包括位置、受雨面积及水量、地质概况等,并对坝址轴心地点选择、水库淹没农村与农田情形、浙赣铁路沿线地质等进行了论述。在调查期间,除了注意坝址与水库的岩层性质外,同时注意附近地区的地下资源,使动力和资源互相配合,彼此都增加经济上的价值。乌溪港自黄坛口而上,是石英粗面岩、流纹岩与花岗岩。花岗岩不致发生漏水现象,石英粗面岩与流纹岩虽有节理,但岩层坚厚,地下水流动时不会有渗失的现象。报告内附《浙江乌溪港上游受雨面积及水坝位置图》《建设乌溪港蓄水库坝址位置图》和《浙江乌溪港蓄水库附近地质图》等。

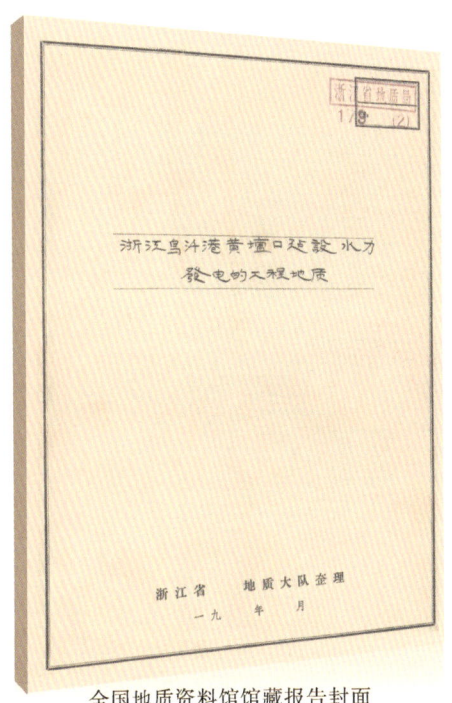

全国地质资料馆馆藏报告封面　　全国地质资料馆馆藏报告首页

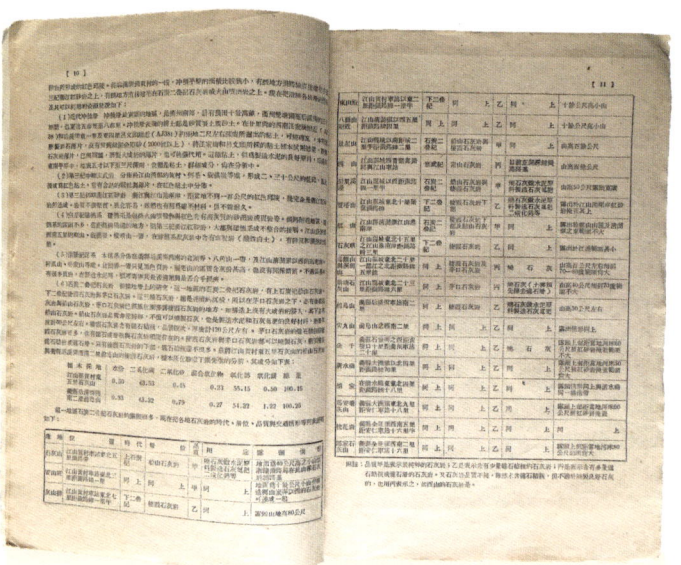

浙江省地质资料档案馆馆藏报告内页

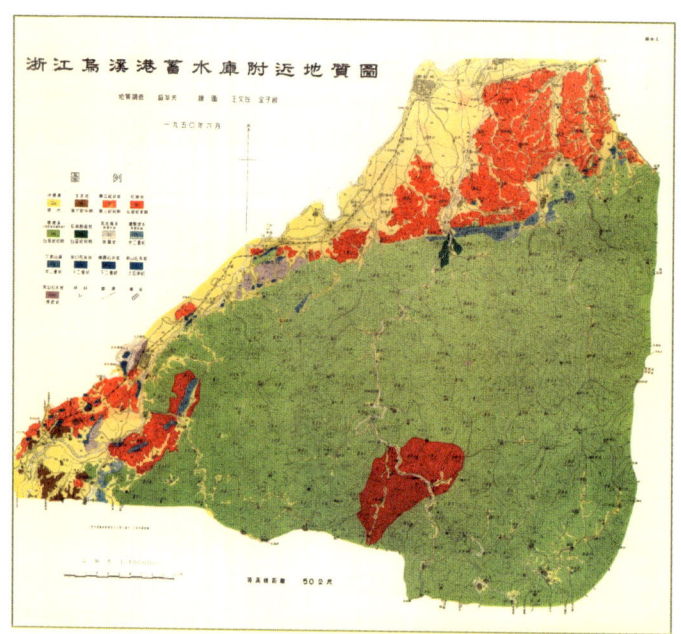

浙江省地质资料档案馆馆藏报告附图

75 浙江衢县湖南坝基地质述要

【资料简介】

由章人骏编著,全国地质资料馆收藏,档号为 2524。资料形成时间为 1952 年 8 月,内文为圆珠笔手书,共 12 页。浙江省地质资料档案馆存有抄录稿,档号为 233。

该报告是对浙江衢县湖南水库坝基地质情况的描述。湖南村及拟定坝址附近沿乌溪江两岸出露的岩石均是厚层状粗面流纹岩。流纹岩分布广泛,地质构造简单。但流纹岩中发育有明显的柱状节理,主要有 3 组,走向分别为南西 15 度、北东 40 度、北西 70 度。岩层受这 3 组节理截切,形成许多直立的六方柱,好像一幅规则的图画。节理面是水的通道,因此岩石的风化作用在这些面比较强烈,这是普遍的地质现象。拟定的第一个坝址比第二个坝址更适于筑坝。

全国地质资料馆馆藏报告封面

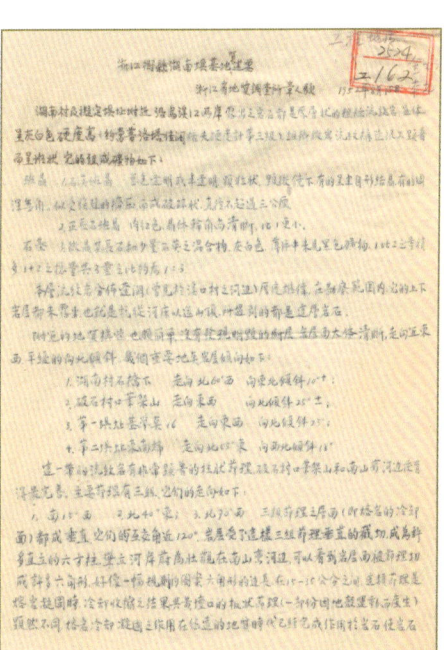
全国地质资料馆馆藏报告首页

76 新安江流域水库坝址的工程地质初步报告

【资料简介】

由盛莘夫编著,全国地质资料馆收藏,档号为6185。资料形成时间为1952年9月,内文为圆珠笔手书,共18页。浙江省地质资料档案馆存有抄录稿,档号为237。

该报告是华东地质局盛莘夫等奉命对新安江水库坝址的工程地质进行勘察后所著,内容包括河床概况、两岸岩层分布概况、坝址地质、两岸矿产及有用石料等。坝址岩层为千里岗砂岩,倾向北西,倾角为65～80度,岩层稳定,牢固性好,节理断层不发育,耐风化,坝基材料可就地取材。

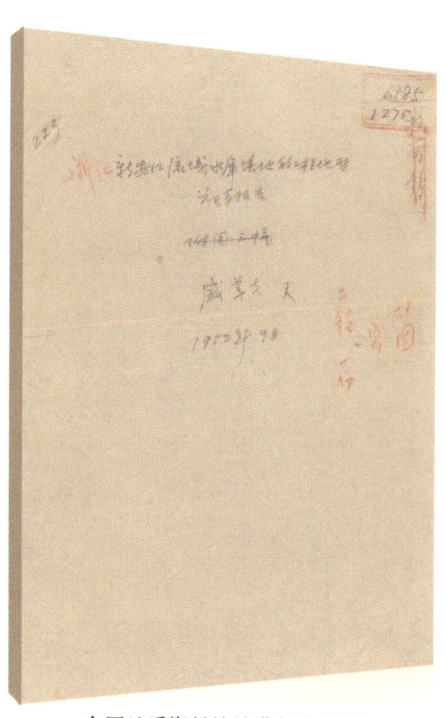

全国地质资料馆馆藏报告封面

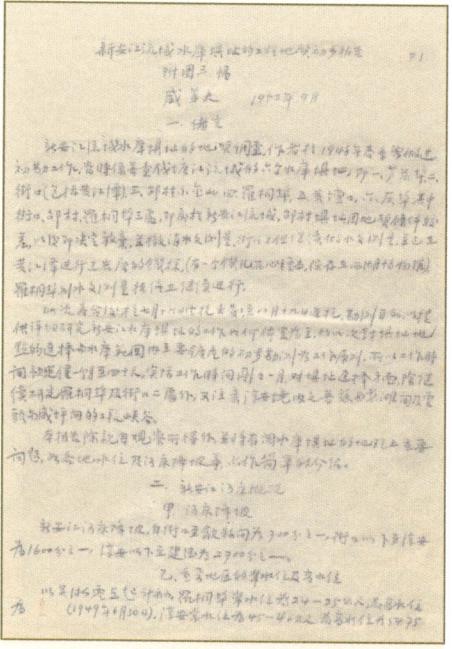

全国地质资料馆馆藏报告首页

77 浙江省临安县桥东村苕溪水库及坝址地质

【资料简介】

由汪龙文编著,全国地质资料馆收藏,档号为2505。资料形成时间为1952年9月,内文为圆珠笔手书,共8页。浙江省地质资料档案馆存有抄录稿,档号为238。

浙江省水利局拟在临安县桥东村建筑蓄洪水库及拦洪水坝,作者对此地区进行了地质勘察,从地质学角度对建筑水库及水坝提出了意见。水坝应选在石英斑岩、石英粗面安山岩上;从地形上看,自桥东村向下游河谷宽度以桥东村为最窄,两岸相距仅300余米,也是筑坝的有利条件;从地质构造上看,在已经勘察的地区内,以现拟定的坝址较为合适。报告内附《浙江临安县桥东村苕溪水库及坝址地质附图》(含照片11张)。

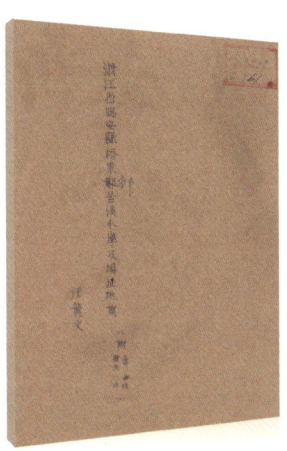

全国地质资料馆馆藏报告封面

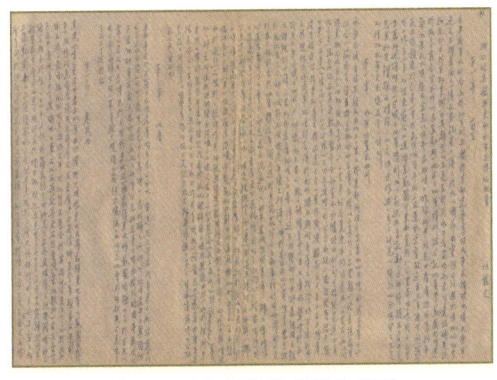

全国地质资料馆馆藏报告首页

78 对于继续探勘罗桐埠坝址的意见

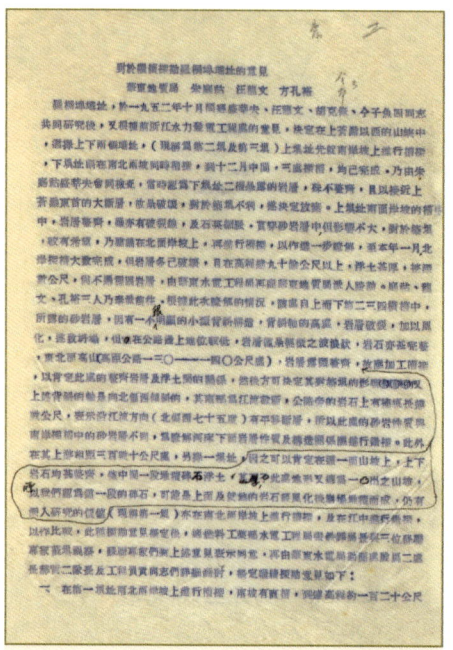

全国地质资料馆馆藏报告首页

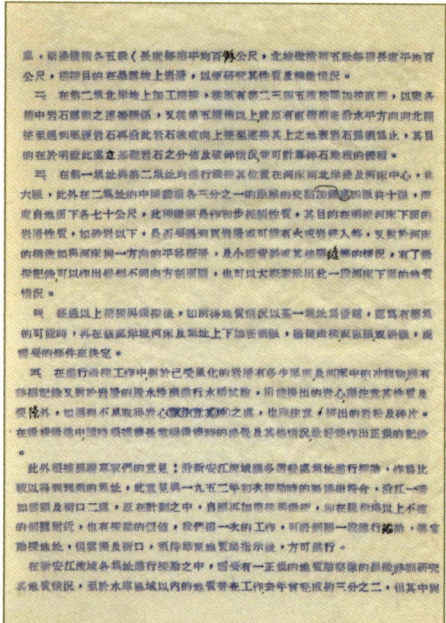

全国地质资料馆馆藏报告内页

【资料简介】

由朱庭祜、汪龙文、胡克俺、仝子鱼编著,全国地质资料馆收藏,档号为4228。资料形成时间为1952年,内文为油印版,共3页。浙江省地质资料档案馆存有油印版,档号为246。

该报告是华东地质局朱庭祜等对罗桐埠坝址勘察后所著。作者认为区域基础地质及工程地质部分已基本查明,但尚需对一些断裂、裂隙等进行槽探工程剥露,对坝址的选择,提出了继续勘探的意见和措施:①在第一坝址南北两岸坡上进行槽探,南坡有直槽,到达高程约120米,目的在于暴露坡上岩层,以便研究其性质及构造情况;②在第二坝北岸加探槽,在原有第二、三、四、五横槽间加挖直槽,以窥各槽中岩石露头的连接关系;③在第一坝址与第二坝址均进行钻探,其位置在河床南北岸边及河床中心,共6眼,目的为明确河床下面的岩层性质;④经过以上槽探与钻探后,如所得地质情况以某一坝址为优越,认为有筑坝的可能时,再在该处岸坡河床及坝址上、下加紧钻眼,视情况来决定。

79　对于勘探铜关坝址的意见

【资料简介】

　　由朱庭祐、汪龙文编著,全国地质资料馆收藏,档号为4229。资料形成时间为1953年3月,内文为油印版,共2页。浙江省地质资料档案馆存有铅印版,版本与全国地质资料档案馆馆藏版本一致,档号为247。

　　该报告从地形、地质两个方面论述了铜关坝址勘探情况。新安江在铜关以南,相距约1千米,为南北向的峡谷,其下游约1千米,在西岸滩头坞折向东西向,约3千米即至罗桐埠。此段峡谷中多是坚硬的千里岗砂岩层,沿北东至南西的断层发生侵蚀形成小平原,下游滩头坞以东,南岸有页岩层出露,山坡低小,有一处可作坝址。铜关村南为白色粗粒砂岩及砾岩,砂岩一部分已成为坚硬石英岩,至坝址相近为灰绿色砂岩,岩层走向大致北东,倾向南东,倾角35度,均与河床斜切,倾角达70度,岩层排列紧密,两岸一致,无擦痕,仅见东岸公路边上有轻微破裂,但无破碎现象,推断河床中的岩层也不至破碎,对于筑坝十分有利。建议先在两岸坡上进行槽探,如果岩层露头完整,再在河床进行钻探,观察岩层变化情形。

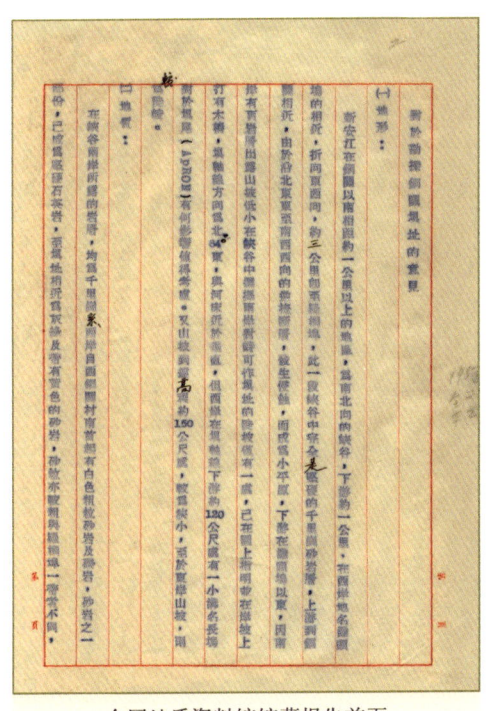

全国地质资料馆馆藏报告首页

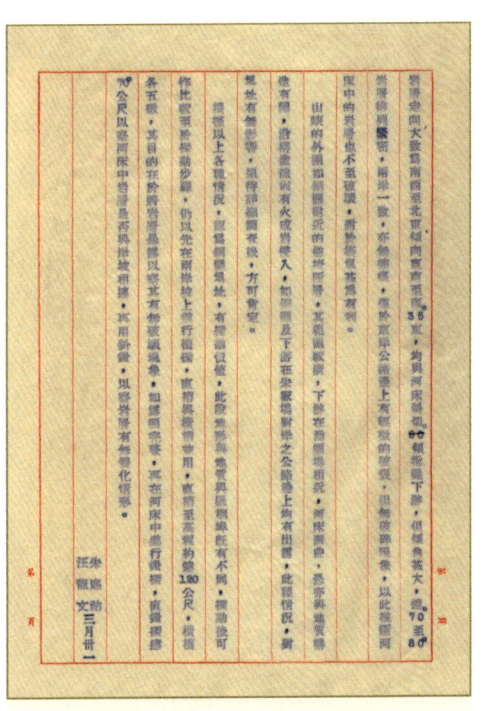

全国地质资料馆馆藏报告内页

80 浙江新安江水力发电工程地质初步勘察简报

【资料简介】

由盛莘夫、胡克俺、汪龙文、仝子鱼编著,全国地质资料馆收藏,档号为4227。资料形成时间为1953年3月,内文为油印版,共16页。浙江省地质资料档案馆存有油印版,版本与全国地质资料馆馆藏版本一致,档号为141。

该报告以罗桐埠为筑坝地点,着重在新安江水电站的坝基附近进行地质勘察。坝基附近的岩层大部分为砂岩,节理发育3组,走向分别为北东向、北西西向和北北西向。根据探槽揭露,罗桐埠坝址两岸几乎全是青灰色致密细砂岩,其产状大部是斜向上游倾斜,对筑坝有利。但也发现较多小断裂,局部岩石较破碎。得出结论为:新安江流域的浙皖交界地区均为山地,火山岩系广布,不适宜农作,是建水库的有利地段,为了扩大发电量,筑坝于罗桐埠比上游狭谷地段更为有利,建筑石料就近可取,水库漏水问题并无大碍,但坝址附近发育一系列小断裂,亦应在下一步钻探和详细勘察中注意。

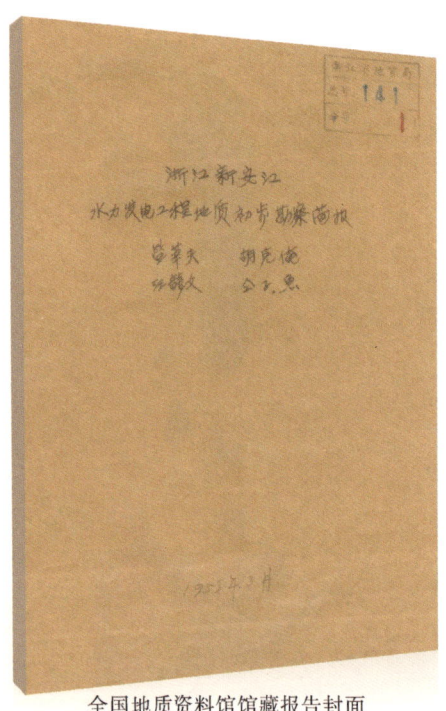
全国地质资料馆馆藏报告封面

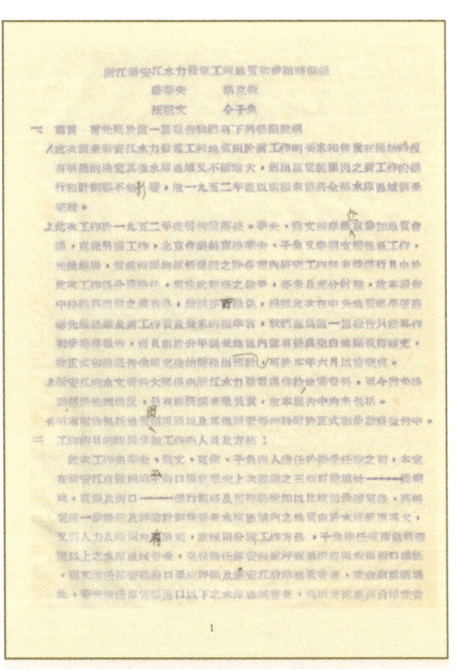
全国地质资料馆馆藏报告首页

81 黄坛口坝址附近地质勘探报告

【资料简介】

由朱庭祜、汪龙文、张学顼编著,全国地质资料馆收藏,档号为7802。资料形成时间为1953年12月,内文为钢笔手书,共16页。浙江省地质资料档案馆存有抄录稿,档号为250。

黄坛口水电站工程于1951年开工,1953年4月因坝址所在地西山岩石破碎等原因停工,因此须补做地质勘探,此项任务由中央地质部浙江工程地质队和华东水电局共同承担。经半年工作,完成1:2000的地质平面图、地文地貌图和作业布置图约2平方千米,1:2.5万地质平面图9平方千米,地质剖面图6幅,洞探展视及断面图9幅,钻探柱状图14幅,槽探展视图43幅。洞探672米,槽探21 934立方米,钻探进尺819米。这项工作为解决坝址岩石破碎、坝基岩石性质和透水性、东山坝头接头处及其上游岩层性质,以及坝轴如转弯应采用多大的角度等有关问题提供了实际资料,可作为黄坛口水电工程初步设计的依据。

全国地质资料馆馆藏报告封面

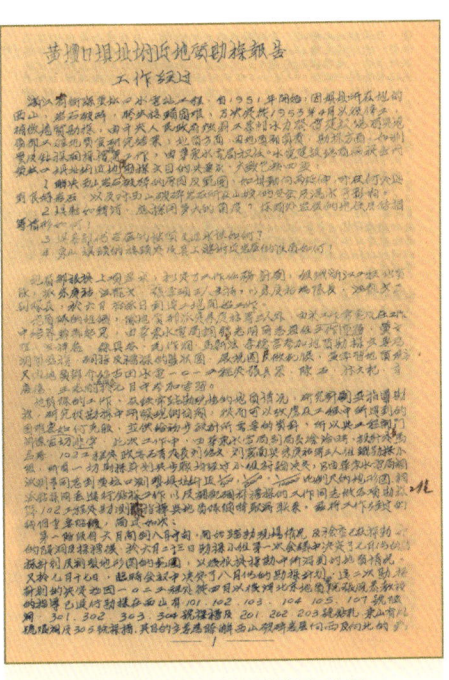

全国地质资料馆馆藏报告首页

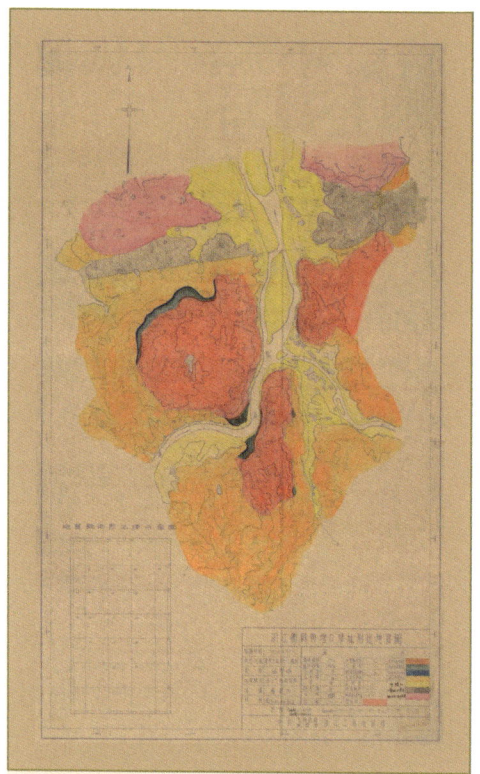

浙江省地质资料档案馆馆藏报告附图

浙江省地质资料档案馆馆藏报告内页

（四）基础地质调查等

82　浙江北部地质构造的轮廓

【资料简介】

由吴磊伯、李铭德编著，浙江省地质资料档案馆收藏，档号为110。资料形成时间为1946年11月，内文为抄录稿，共46页。

作者在李四光的指导下，对浙江北部地区进行了调查，形成多篇报告。该报告主要介绍了浙江北部地质构造的轮廓，依据构造性质及发育情形将其分为北东向褶皱带、临安山字型构造、平行海岸冲断层、巨型扭破裂。其中走向北东50度的老褶皱线，与李四光所命名的华夏式构造相当，在浙江北部相当明显；临安山字型构造，分布于杭州、余杭、临安、富阳、新登、萧山、绍兴等县境内，弧顶在杭州西南约30千米的凌家桥；平行海岸冲断层走向北东20～30度，相当于李四光提出的新华夏式构造，与福建至浙江的海岸线大体平行；巨型扭破裂在浙江北部有两组扭破裂发生，一组走向为北东70～80度，另一组走向为北西10～20度，分布相当普遍，尤以前者为显著。

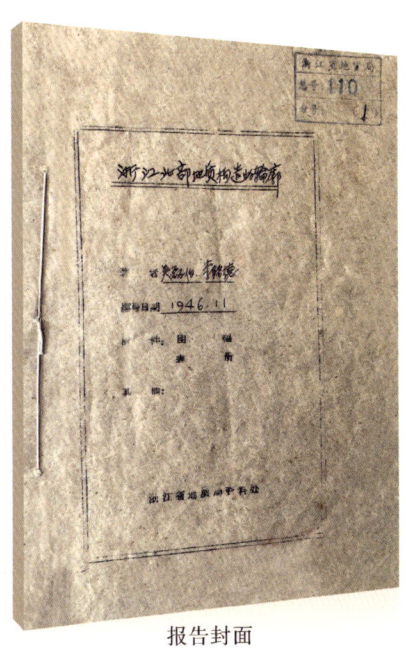

报告封面

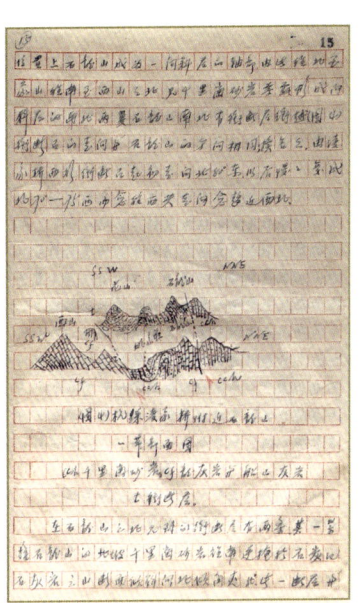

报告首页

83 杭州湾地形述要

【资料简介】

由章鸿钊编著,浙江省地质资料档案馆收藏,档号为174。资料形成时间为1947年,内文为抄录稿,共21页。

该报告简述了杭州湾地形现状。杭州湾以闸口为界,以上为江流作用带,小尖山至闸口为江流、潮流混合作用带,小尖山以下全部为海流作用带。控制杭州湾的主要因素有风浪、潮流、江流、塘岸与孤立地。海岸现象在沉积方面表现有苏浙平原,慈溪、上虞、余姚三县以北的三北平原,南沙半岛、新月形边滩、陆连岛、隐砂。侵蚀方面表现有海蚀崖、海蚀台、显礁、海岸的侵蚀作用。另外对海滨平原上海岸深化、海门之变作了论述。

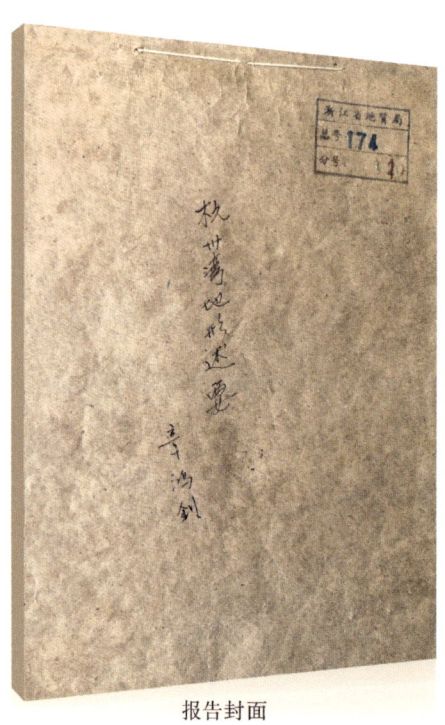

报告封面

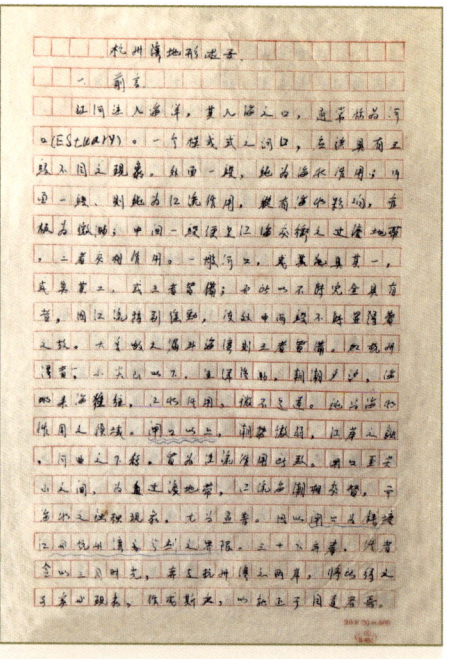

报告首页

84 钱塘江下游地质之研究

【资料简介】

由朱庭祜、盛莘夫、何立贤编著,浙江省地质资料档案馆收藏,档号为 180。资料形成时间为 1948 年,内文为抄录稿,共 39 页。

浙江省钱塘江海塘工程局,为进一步制订钱塘江下游的治导计划,开展了对钱塘江两岸的地质调查,调查报告分《钱塘江两岸之地质》和《钱塘江之发育及其变迁》两篇,详述了钱塘江两岸的地层现状、构造特征、造山运动情况以及地文的仙霞期、钱塘期、古荡期、吴越期等。

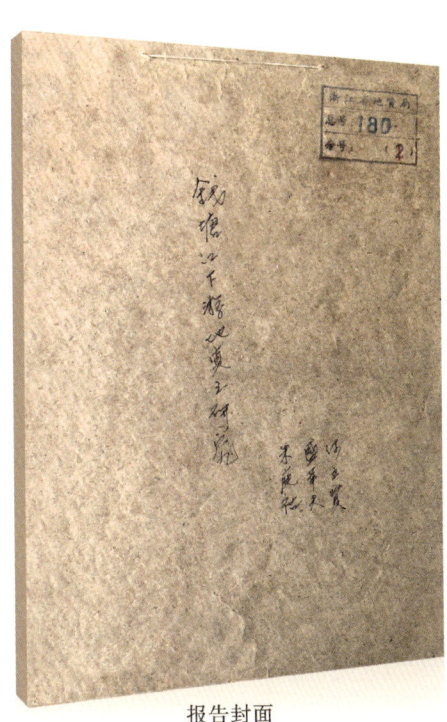

报告封面　　　　　　　　报告首页

85 浙江省之矿产资源

【资料简介】

　　由朱庭祜编著,全国地质资料馆收藏,档号为6527。资料形成时间为1949年,内文为毛笔手书,共16页。浙江省地质资料档案馆存有抄录稿和铅印稿,档号分别为181和209。

　　该报告简述了浙江省的氟石①、煤矿、石灰石及黏土、硫(黄铁矿)、印章石、斑脱岩、重晶石矿、铝(矾石)、铁矿、锰矿、铅锌铜银、钼矿、锑及其他矿产的产地、地层、品位等。作者认为区域内矿产储量丰富,品质优良,以铝(矾石)、氟石最为突出,浙江省矿业发展要重视组织管理、调查试探、开采冶炼、运输管理等工作,配合全国需要及本省经济建设事业,有计划、有步骤地发展。该报告收录在《浙江地质》第一号。

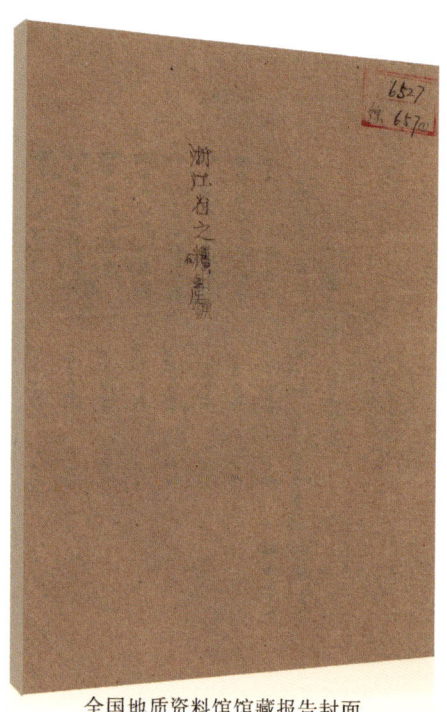

全国地质资料馆馆藏报告封面

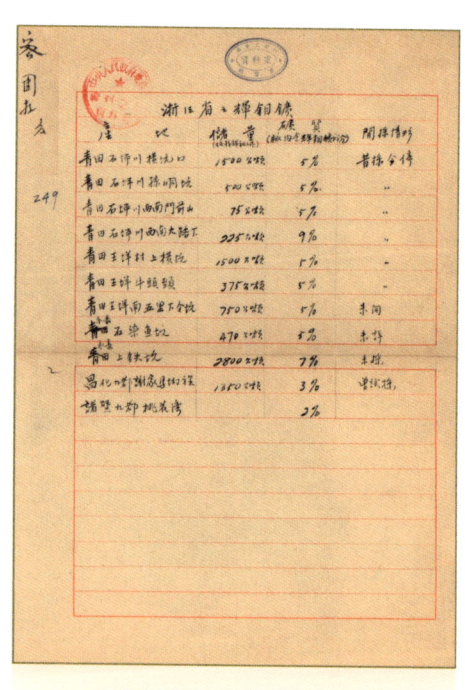

全国地质资料馆馆藏报告内页

---

① 氟石:即萤石。

86 《浙江地质》第一号

【资料简介】

由浙江省地质资料档案馆收藏,档号为209。资料形成时间为1950年8月,内文为铅印版,共60页。

《浙江地质》由朱庭祜组织创办,本期收集了10篇报告,包括《浙江省之矿产资源》(朱庭祜)、《浙江沿海银铅锌矿的试探问题》(南延宗)、《浙江平阳县矾山街矾石矿》(章人骏)、《浙江常山县南部、东部和衢县西部的侏罗纪煤田地质》(盛莘夫、汪龙文)、《浙江诸暨县璜山一带地质矿产初勘简报》(朱夏、仝子鱼)、《浙江诸暨县街亭锰矿调查报告及开采计划》(朱夏、陈伯元)、《浙江吴兴县轸岭锰矿》(朱夏、陈伯元)、《浙江吴兴县轸岭锰矿》(朱庭祜)、《浙江诸暨县蟹坞潭水仓地质》(盛莘夫)、《浙江省地质调查所一年工作总结》。

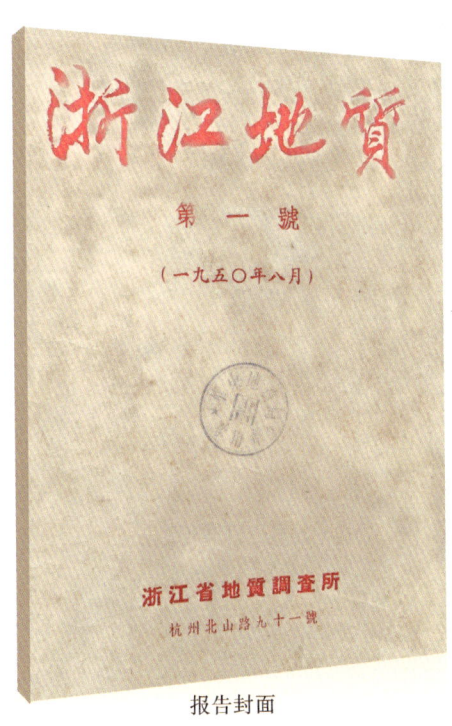

报告封面

报告目录

报告内页

报告内页

报告内页

报告内页

87 浙江省之地层

【资料简介】

由盛莘夫编著,全国地质资料馆收藏,档号为8301。资料形成时间为1951年6月,内文为铅印版,共19页。浙江省地质资料档案馆存有抄录稿和铅印版,档号分别为219和210。

浙江地层可划分为南、北两相。北相起自与江西交境的开化、常山、江山三县,东北延展,越新安江而至苏、皖交界的浙北诸县,该带自震旦纪起各时代地层,可与赣东、皖南及苏南相对比。南相即该带以南的其他各县,古生代地层露头极少,除有小面积片麻岩、大理岩及千枚岩外,大部为中生代的喷发岩与侵入岩以及红色岩层,与闽北及赣东南的岩相类似。报告收录在《浙江地质》第二号。

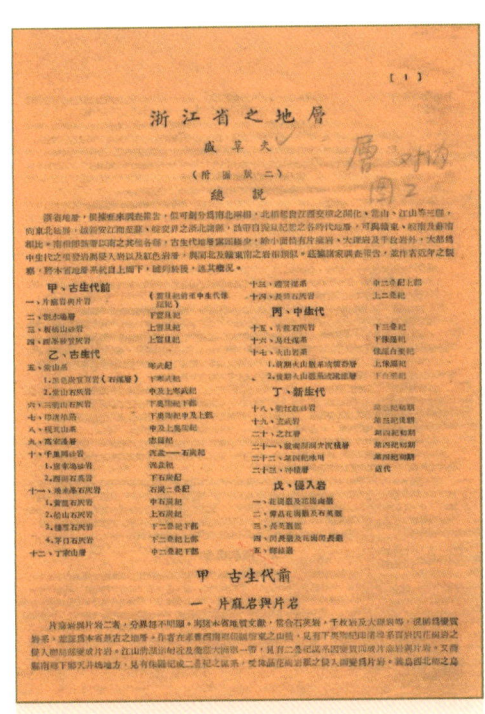

全国地质资料馆馆藏报告首页

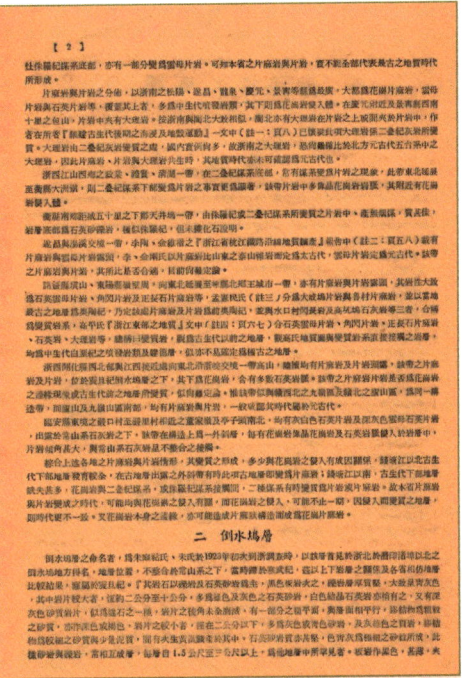

全国地质资料馆馆藏报告内页

88 浙江青田永嘉一带有色金属矿产简报

【资料简介】

由南延宗编著,全国地质资料馆收藏,档号为1445。资料形成时间为1951年8月,内文为铅印版,共4页。浙江省地质资料档案馆存有铅印版,版本与全国地质资料馆馆藏版本一致,档号为210。

温、青一带有色金属矿产,均在瓯江北岸10～25千米地带之内,仅下陇殿后有铅锌铜矿一处,生在青田附近的瓯江南岸,交通较便利。浙江沿海一带,在白垩纪之时,火山喷发作用极为激烈强盛,大约初为安山岩、凝灰岩,与流纹岩相间而生,继则流纹岩大肆活动,凡白垩纪以前的地层,除极少数外,几近被掩盖。自此以后,地下犹有一部分酸性岩浆,形成花岗岩的侵入体,其范围稍狭,或沿已凝固的火山岩裂缝而上升者,成为石英斑岩或花岗斑岩,此中挟有矿质颇多,永嘉青田一带的银、铅、锌、铜矿、辉钼矿、黄铁矿、磁铁矿、锰矿等,与此种火成岩基本都有连带关系。矿地有石坪川、孙峒坑、石梁、鱼坑、王垟等地的钼矿。报告收录在《浙江地质》第二号。

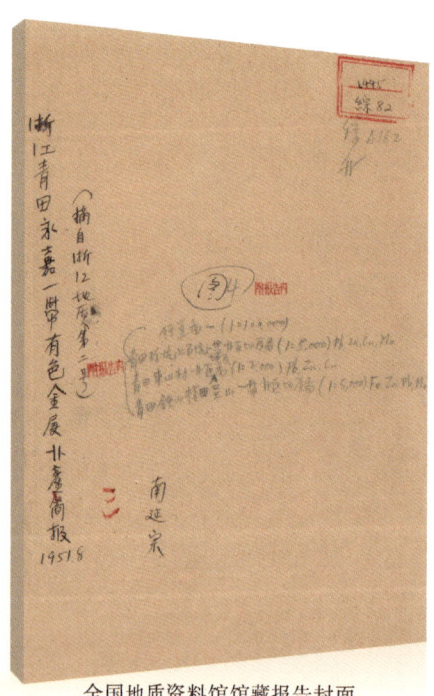

全国地质资料馆馆藏报告封面

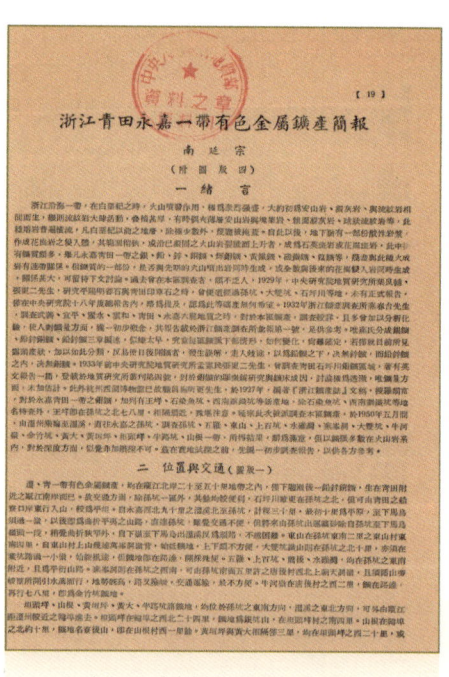

全国地质资料馆馆藏报告首页

89 《浙江地质》第二号

【资料简介】

浙江省地质资料档案馆收藏,档号为 210。资料形成时间为 1951 年 8 月,内文为铅印版,共 64 页。

本期收集了 10 篇报告,包括《浙江省之地层》(盛莘夫),《浙江青田永嘉一带有色金属矿产简报》(南延宗),《浙江青田永嘉一带之钼矿》(南延宗、胡克俭、庐云谷),《浙江平阳县山门街黄铁矿》(章人骏、仝子鱼),《关于浙江铅锌矿的一些意见(纪念南延宗先生)》(朱夏),《浙江余杭富阳临安三县间之地质矿产》(汪龙文),《浙江绍兴县漓渚附近矿产地质简报》(仝子鱼),《浙江乌溪港黄坛口建设水力发电的工程地质》(盛莘夫),《南延宗先生事略》《南延宗先生著作目录》。

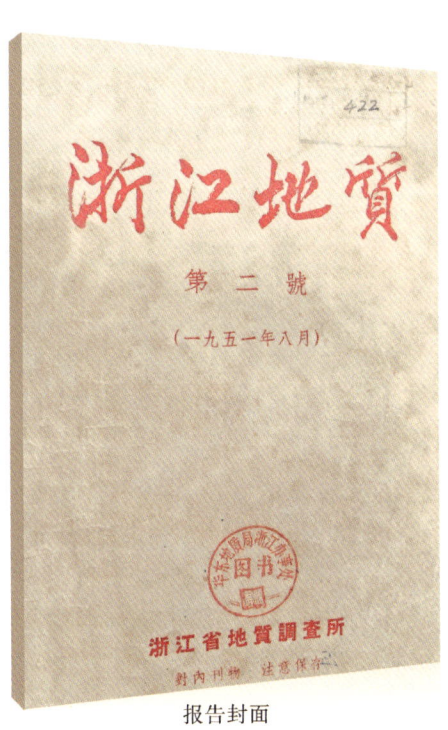

报告封面　　　　　　　　报告目录

报告内页

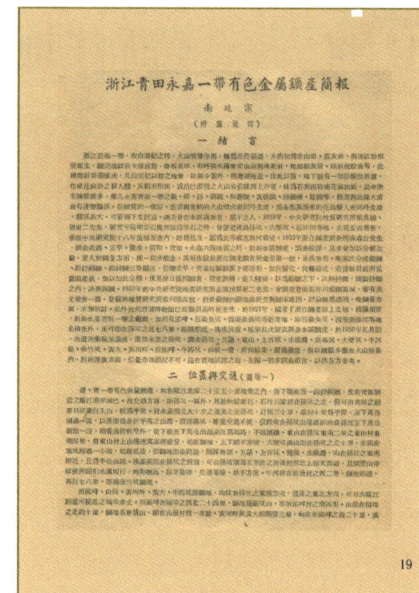

报告内页

报告内页

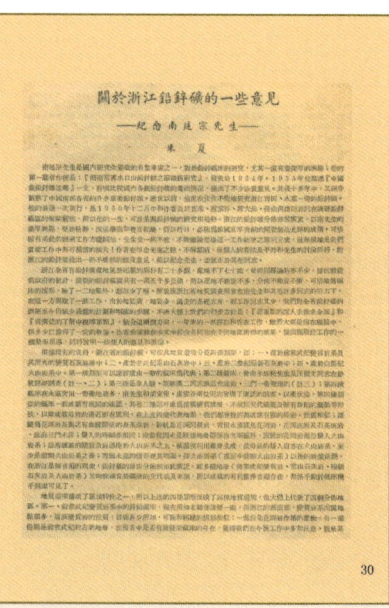

报告内页

90　浙江地史概要

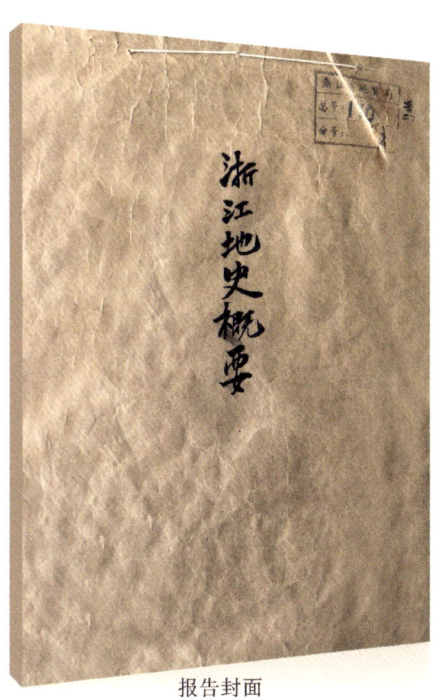

报告封面

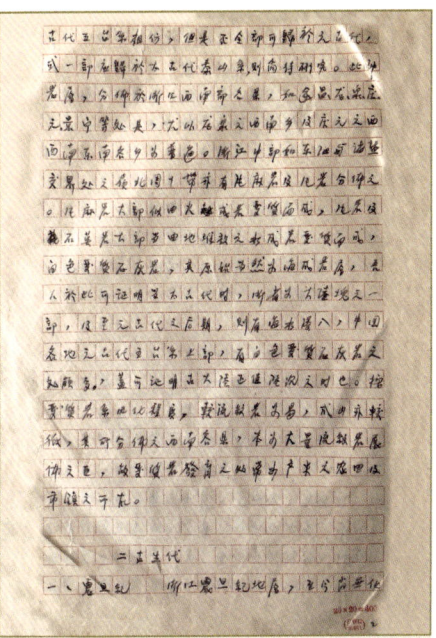

报告内页

【资料简介】

　　由盛莘夫编著,浙江省地质资料档案馆收藏,档号为170。资料形成时间为1951年6月,内文为抄录稿,共11页。

　　该报告简述了浙江的地质历史,主要分为4个时期:一是太古代及元古代,地层均有分布但不易划分,以片麻岩、片麻花岗岩为主,角闪片麻岩、云母片岩、石英岩等次之,最上有变质灰岩;片麻岩由火成岩变质而成,片岩及石英岩为沉积岩变质而成,灰岩为海成,以此证明为太古代。二是古生代,震旦纪倒水午为溪谷冲积层,寒武纪常山系浙西北遭海浸,奥陶系为浅海沉积,下志留风竹页岩浅海相、中志留后升为陆地,泥盆纪千里岗砂岩为大江中的沉积物,石炭纪、二叠纪以灰岩为主海相。三是下三叠纪有灰岩,中上分布少且为陆相,侏罗纪为大陆,有乌灶煤系,白垩纪是中国地壳最不稳固时期,有大量岩浆活动。四是第四纪,因第三纪火山活动虽少但气候较热,堆积红砂岩、又有玄武岩喷发,形成大片冲积平原。

91 浙江省地质调查所三年来工作总结报告

【资料简介】

由盛莘夫编著,全国地质资料馆收藏,档号为6540。资料形成时间为1952年1月,内文为圆珠笔手书,共26页。

作者总结了浙江省地质调查所三年来的工作。浙江省矿产资源的总体情况是非金属矿中的矾石矿和萤石矿储量在全国范围内都占据首屈一指的地位;黄铁矿、重晶石、酸性白土,石灰和水泥原料皆有相当的储量;金属矿产中的铅锌、铜、锑、钴、锰等在华东范围内也占有重要的地位,铅锌矿分布更是广泛。煤炭、铁资源比较贫瘠。三年来矿产查勘以矾石矿、黄铁矿、重晶石、水泥原料和有色金属矿为重点,其余的矿产则处于次要地位。

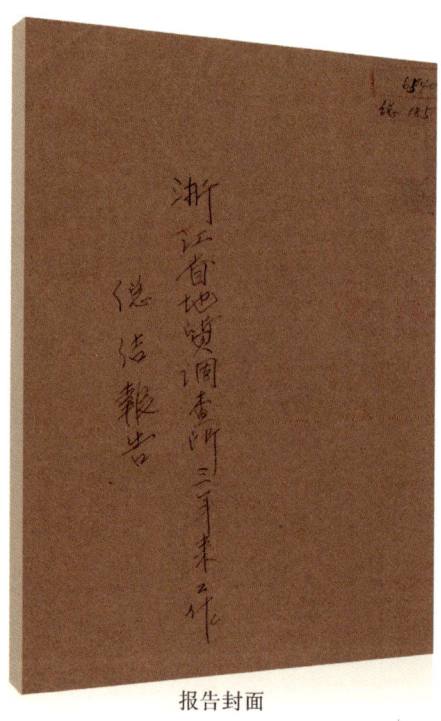

报告封面

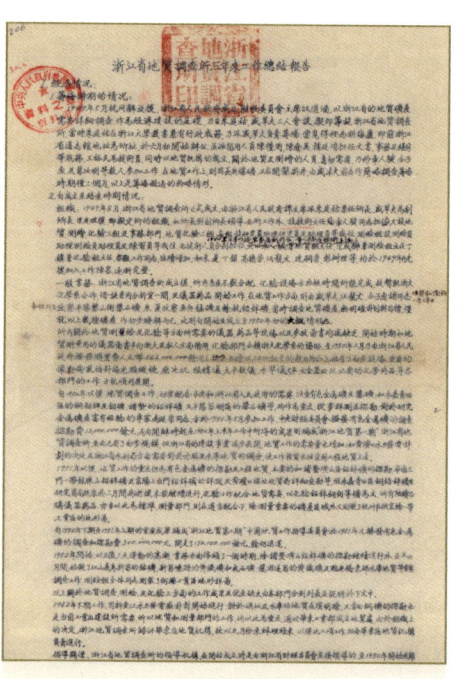

报告首页

92 浙西安吉孝丰武康等县普查简报

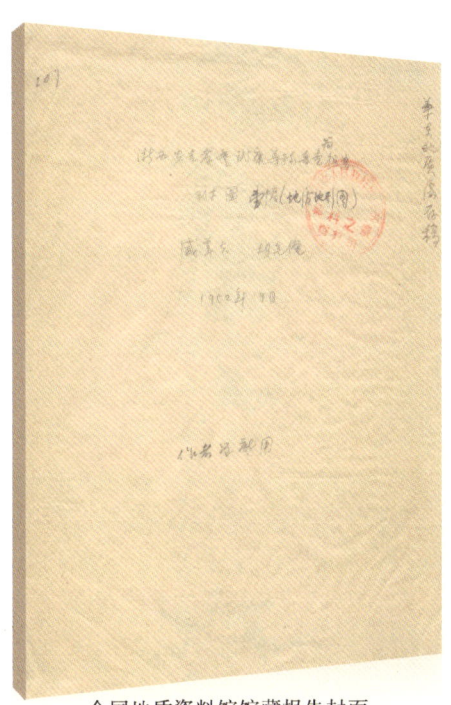

全国地质资料馆馆藏报告封面

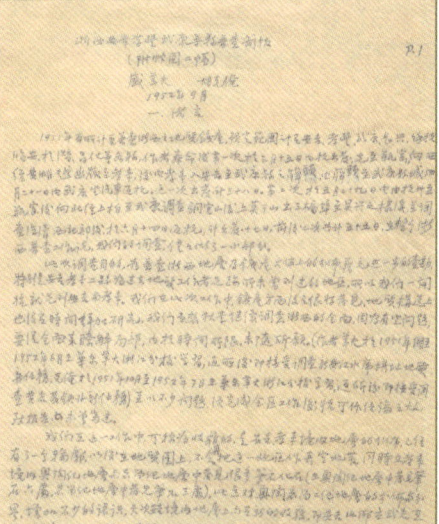

全国地质资料馆馆藏报告首页

【资料简介】

由盛莘夫、胡克俺编著,全国地质资料馆收藏,档号为2559。资料形成时间为1952年9月,内文为圆珠笔手书,共13页。浙江省地质资料档案馆存有抄录稿,档号为236。

为普查浙西地层及矿产大体上的分布,作者普查了安吉、孝丰、武康、长兴、余抗、临安、昌化等县。其中,安吉、孝丰二县为地质工作空白区。通过此次工作对安吉、孝丰境内地层分布有了一个初步认识。在孝丰境内奥陶纪与志留纪地层中发现很多笔石化石。此点有助于增强对奥陶纪与志留纪地层的分布与划分认识。在安吉境内地层方面亦有新的收获,那安吉北乡玄武岩直接不整合于中石炭统黄龙石灰岩之上。报告论述了调查区内的地层、构造、侵入岩及主要矿产。

93 浙西古生代地层新见

【资料简介】

由庐衍豪、穆恩之、侯祐堂、张曰东、刘第墉编著,浙江省地质资料档案馆收藏,档号为261。资料形成时间为1954年6月,内文为抄录稿,共21页。

为详细研究浙江西部的下古生代地层,作者在江山、常山一带开展调查,详测地层剖面,系统地采集化石。重点工作区有江山城北黄泥岗附近,江山县北乡大陈左附近,常山城南西阳山、大坞一带。利用古生物资料及岩层的层位对比,确立了浙西古生代地层层序,并创立了许多新的地层单元名称,如在寒武纪废除常山系而新创"荷塘""杨柳岗""华严寺""西扬山"4个地层单元名称,奥陶纪新采用"黄泥岗""长午"2个地层单元名称,石炭纪新采用"藕塘底"地层单元名称。此文刊录在《地质知识》第二期(1955年)。

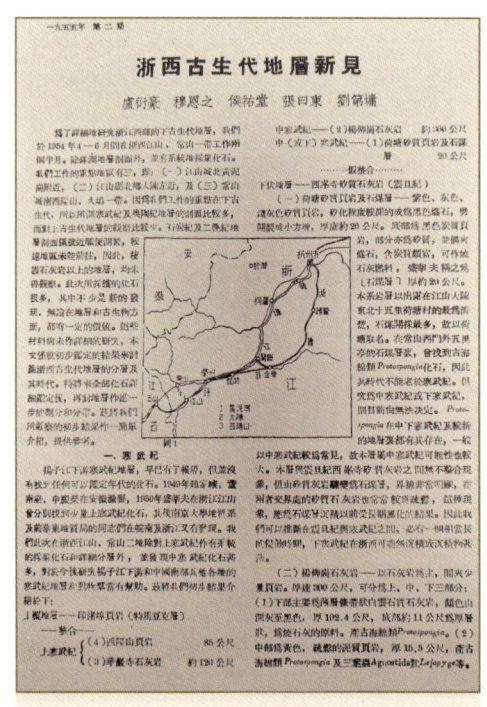

报告刊录稿

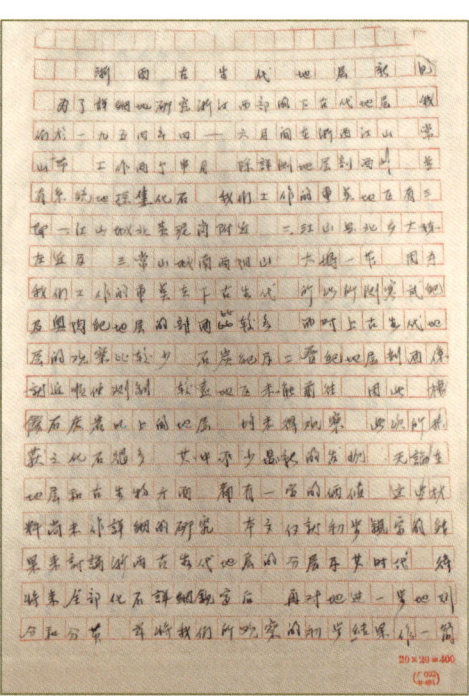

报告首页

第四部分 大师文章

　　我国地质学的兴起和发展,离不开地质学家们的辛勤贡献,他们用脚步丈量土地,用汗水浇灌收获,不仅为祖国寻找各类矿藏,还研究创新地质学理论,培养一代代地质人才,铸就了我国地质科学的辉煌篇章。他们的学术著作,如调查报告、科研论著、随笔文章等,兼具科学性与文学性,学识、认识、品德、修养、感情等都渗透在字里行间,构成了文本的独特魅力。本部分选取了章鸿钊、朱庭祜、叶良辅等人的部分文章,编录于此。

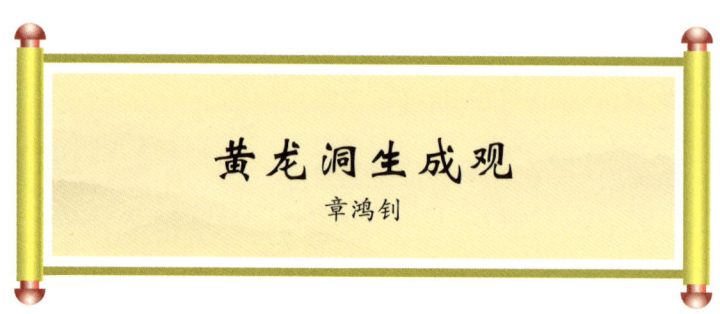

黄龙洞生成观

章鸿钊

黄龙洞，在浙江湖州城北二十里弁山东侧。己酉之夏，余以省亲旋里，遂游其处，兹述其岩质构造及生成之理。

《吴兴志》曰：黄龙洞一名金井，梁贞明初有黄龙见，易称黄龙洞。《金井志》曰：洞初殊窄，亦不大奇，朱梁丙子，有黄龙破洞出，石随龙势，倾翻历碌，飞空架竖，离奇始开。是洞之生成之年月，已不可知，而其巍然为今日之形者，因自朱梁丙子岁始，去今盖已千有余年矣。古人之游于是山，归而为之记者，类多述其形胜，赏其雄奇，而于其岩质及生成缺然未有所载，是龙见之说，所以历久未去于人间者，良有以也。

洞在弁山，山腹有道二。一踰白雀山领（白雀为弁山之一峰）约七里可达，远而劳；一舣舟至杨村桥，步行约三里可达，近而逸，且路平坦，弱者亦得至。余是日尽两径之，故得知洞旁岩质及其左近岩质之关系。余初登弁山，山为砂岩，其色赤，沿道泥土亦带赤色，盖石之腐蚀而成者。

赤色砂岩，为我国有名岩石之一，其产地之重者，为江西。由赣州府附近亘于广东之地域、南昌府广信府附近地城、浙江省衢州府金华府绍兴府附近地域。他如湖南湖北诸省地之洼地，而四川尤有赭色盆地之名。其为层盖数千尺云，于地质时代为中生代，其下恒有含炭之砂岩层，此最著之特征也。

石内盛含黄铁矿晶，闻英之上古砂岩亦有之（见于哈解氏岩石学），层向约东北三十五度，而倾于西约三十度。余初由城南金盖山而历道场，再登岘山，岩层殆取水平倾度甚少。弁山不之尔者，其左近地质显示变动而范围不及于数十里外者其变动之不烈又以此见之。次棹舟至杨村桥，舍舟而步行，沿道多石英岩块。时日适中，光泽炫目，谛视之，盖石英（即俗云水晶）。半多晶质晶多面（石英结晶恒为六角锥形），故曰射之而光四散也，其隙缝中石英微晶尤多。次至山腰见奇壁耸峙，高可数丈。其南一石圆如瓜，径约丈余，俗云西瓜石。洞口甚钜,周围石尽竖立,内有声如吼,望之不见底,投以石,为他声杂,不之应。岩石多绮丽,以斧碎之,则外为方解石,色微赤,甚鲜明;内为石灰岩,灰色而密致(采二石归)。时以晚,遂摄影而返。

由洞旁之岩石与外围地质构造之关系,复证以旧时片断之历史,则洞之如何生成,已彰彰无以遁其形矣。

石灰岩时或成于大洋海底,由生物遗蜕堆聚融化而成,此时恒绵延数千里,为层数千尺,而未足以为异也。其余或由地下流水分泌凝聚而成,则范围稍狭,如钟乳石笋亦其例也。至于温泉区域,或有天生喷泉之处,恒有石灰岩堆积为垒,此由地中之水恒杂碳酸,而溶解石之力亦为之增大,及水遇隙而溢,则压力减,碳酸乘虚而逸,水无以溶解石灰,石灰遂沉淀焉,遂堆积焉。喷泉之水来自深处,则压力厚,其受石灰之量亦最多,及其喷而兴也,水势高,故堆积亦峻。然其四围之石,岁剥月削,而日趋于平,惟此岩独高峙数仞,历久未磨。及岩石外皮,尽成方解石者,此何以故,曰此接触作用之力使之,然亦石灰岩抵抗之力大于砂岩故也,凡水成岩与火成岩相遇而起接触作用。谓水岩经火岩之熏炙,而岩质与构造遂起变化,也经此变化种种新矿石生焉,且变化之部分必较不变化之部分抵抗力强而蚀削自少。例如孟恩德奔地方之克拉才山,其接触地带,形成冈脊,或作奇峰。其围绕之者,即由内窜出之火成岩,亦日受剥削浸成凹陷。其外壁之砂岩页岩未与之接触者,已延缓倾斜,渐远而为平地矣。今洞内虽无火岩突起,而方解石结晶至三四寸之厚,又与附近石英岩块多为晶形。晶恒以柱面垂直于隙缝之壁,是初沉积之石灰岩复遇热而解,其纯者为方解石,至石英岩(一曰硅岩),或者为砂岩遇压与热而成。或亦由热泉滤出,尚难判决,然其隙缝晶质,固非遇溶解,无由生成。是此泉为热泉之证,接触作用,遂由是起。况石灰质虽非坚于砂岩,而以质纯之故,未易侵削,此数仞绝壁,所以历久未磨欤。又以年月论之。则千余年之间,未足以消磨何石也明矣。朱梁丙子之岁为大喷出,虽始于何岁,息于何时,均未能详,而喷不以时者,西人曰间歇温泉。以此堆积巨岩者,指不胜偻,殆其类欤。

洞南之圆石,其形与质,均为洞口沉积之证。西人谓之日本渡边博士字之曰喷泉塔,以其形如圆锥,或如塔,故得名也。

西人初时忒法与忒夫冈义,如火山熔岩,亦曰忒夫忒法。近时则恒以石灰沉积物质为忒法,而以忒夫专为火山熔岩之意义矣。惟从梯浮利地方之罗马旧名(梯浮利近于罗马之都邑也),亦谓石灰沉积为差拉福听。

北美国国华亚岷哥州之西北隅奄洛思顿伯克内所喷出之温泉,及于三千六百余。其中如孟莫司泉常为巨塔,彼所称立勃典克伯石灰塔者,径二千尺,高四十三尺云。日本日光栗山村内,亦由渡边博士发现温泉塔二。其一高一尺,底径一尺,他则高八寸,底径一尺。均于一年之内成之。

去年阳历七月十日,东京帝国大学行卒业式,明治天皇亲临之,博士以所采之温泉塔宣讲于御前,时以为荣焉。

今黄龙洞口温泉塔,与孟莫司泉所成者,在伯仲之间。视栗山所成者,有秦山丘陵之别,其历岁之久亦可想见。石面多裂缝,此盖由于外层渐次成晶,水分逸出,容积收缩,故龟拆也。

黄龙洞之生成,祇千余年,而金井之历史,亦当不甚远。盖以洞初殊窄故也,然地下之水,常周流而无滞,况弁山左近,岩窦殊多,如双开岭、沈家洞、归云洞,余均未见。又闻某洞内有钟乳石笋,是地下之富于石灰溶液。以此可见,龙之潜焉久矣,安知他日无复乘云雨而再兴之时乎?

杭州西湖成因一解

章鸿钊

西湖在杭州城西,故名。唐宋以后,为名人游眺歌咏之地,故其名愈著。汉时曰明圣湖,见水经注。(《水经注》卷四十云,县南江侧有明圣湖,父老传言湖有金牛,古见之神化不测,湖取名焉。顾祖禹《方舆纪要》谓汉时金牛见湖中当本此。)又称钱唐湖,以介于钱唐也。见《读史方舆纪要》。(按《钱唐记》云,三国时功曹华信以江涛为患,议立塘以捍之,募有能致土石一斛与千钱,旬月之间,应者云集,因曰钱唐,则钱唐湖之名,当始于三国后矣,或云秦已名钱唐,未知熟是。)又旧志谓今杭州府城初筑于隋杨素,则西湖之见于记载,在有杭州城以前也。但溯自《水经注》以上,亦未有言及西湖者。西湖周围约三十里。(一说面积约五三,二一九,八〇〇平方尺,即约四,九七八,八七九平方米突。)南西北三面环山,其南岸及东南隅诸山,皆为石炭纪海百合(Crinoid)石灰岩。稍西北有北高峰者,则为石英质砂岩,或颇似南京硬砂岩(Nan-king Grit),然与石炭纪无直接积叠之迹。其北诸峰则为较新之流纹岩。东临杭州平原。面积甚小,水深平均不过五六尺,最深亦无逾十尺者。言西湖之成因者,初见于石井八万次郎氏之《浙江杭州附近地质调查概报》(见《东京地质学杂志》The Journal of the Geological Society of Tokyo, Vol. XVI, No. 185, 1909),其说如下。

"西湖之北西岸,岩石为赤色火成岩,或为多石英之凝灰岩。从此火山下望湖面,几疑其扁火口湖也。然湖之东南岸有石灰岩露出,似属石炭纪。乃知西湖非火口湖,恰如日本之中禅寺湖,一面为古生代岩层,他面又为火山岩,即于古生代岩层之山坡溪水北流,为火山岩阻塞而成湖者。"

越十二年至民国十年(西历一九二一年),又有《竺可桢氏之西湖成因说》(见《科学》第六卷第四期),其说大要如下。

"西湖是一个礁湖(Lagoon)。西湖东面有冲积土,西面也有冲积土。若追想到钱唐江初成时候情形,一切冲积土尚未沉下,现时杭州所在地方还是一片汪洋,西湖也不过钱唐江口一个小小湾儿。后来钱唐江之沉淀渐渐塞住湾口,乃变成一个礁湖。要晓得西湖生成年代的久远,只要晓得钱唐江排泄的沉淀把现在杭州淤积为陆地的时候,便得。从西湖生成以来,钱唐江的三角洲渐向海中推广,现在杭州湾口已远距省城一百二十里之遥。钱唐江河身的长短,河域的大小,河口海底深度,和波浪强弱,同欧洲隆河(Rhone River)坡河(Po River)不相上下。但两河都发源阿尔波司山(Alps),比钱唐江取源安徽黄山的高度,约有两倍多,所以钱唐江三角洲生长速度,应没有隆河坡河那样快。两河每百年约增加淤积地一里,照这样算来,西湖的生成,至少在一万二千年以前了。"

前两说均认西湖为偃塞湖(Barrier Take)一种,而立说各自不同。予于清宣统二年(西元一九一〇年)夏,曾小住湖上两日,略就成因有所论列,附于《杭州地质报告》(今存日本东京帝国大学)中,其说大略如次。

"西湖虽西南为古生代岩层,其北又为流纹岩,有如日本中禅寺湖(Chiu-zen-gi Lake)之观,但其东侧仍为低广平原,似最近始隆起者,且亦未达湖面以上之高度。昔辛弃疾言决西湖之水,满城皆鱼鳖。陈亮亦尝环视钱唐江,喟然叹曰,城可灌也。是昔人皆视其地下于西湖也。若钱唐江湾之海准稍高,不惟杭州平原当沦于海底,即西湖亦未能幸免也。又据事实察之,则当时之海准,实遥在今杭州平原以上,而是时之流纹岩,固已喷出久矣。何以见之,(一)因葛岭一带之流纹岩,其面海一侧,隙穴中率充填红土,故石带红色,即山顶亦然,内侧则否。此即曾经海潮波及之证。(二)湖之西南南高峰近处,有石灰岩小峰林立,每峰腰处,印出一道平行水线,遥在今湖面以上。石灰岩固最易剥蚀者,今水痕未泯,故知海准至最近始低下也。有此事实,故知西湖之成因,与流纹岩无关,固当于最近时由海准之变迁而造成者也"。

予之意见,与石井氏说因大左,即与竺氏说亦微有不同。竺氏谓西湖由钱唐江带下泥土积塞湾口而成,是固然矣。然无论何河,必挟泥沙俱行,而不必皆有湖。西湖之所以成,固必以潮流之所向,与海准之变迁二者为之基。钱唐潮之汹涌澎湃,固风闻于世矣。其来也,则自东而西,故海滨泥沙随之而上,西湖三面环山,惟东乃平坦,沙随潮涨,西遇溪谷东下之水,不得复进,遂淤积成长堤,而西湖之形势成矣。然若海准不降下,则水力时时得突破之,西湖之运命,亦未能长保也。据湖上所见之事实推测之,知水势近复大退,而西湖之位置乃愈固。故西湖之成因,似不得仅以钱唐江淤泥之沉淀解释之。其始也,则以潮力之所向而积成湖堤,其继也,又以海准之变迁而维持湖命,二者乃今日所以有西湖之重要条件也。又考之记载,海准变迁,历历可征。顾祖禹《读史方舆纪要》卷九十仁和县钱唐江下云。

"三国时(西元第三世纪前半期)以江涛为患,议立塘以捍之,初名钱唐。岁久塘坏,江挟海朝,大为杭患。唐大历八年(西元七七三年)大风潮溢,垫溺无算。咸通二年(西元八六一年),潮水复冲击,奔逸入城,乃筑沙河塘捍海塘,捍海塘在城东二里。光化三年(西元九〇〇年)浙江又溢,坏民居,五代梁开平五年(西元九一一年)钱氏建候潮通江二门,潮水冲击,版筑不就,既乃积石植木为塘,而城基始定。今之平陆,昔皆江也。宋太平祥符五年(西元一〇一三年)潮抵郡城。政和六年(西元一一一六年)兵部尚书张阁言臣昨守杭州,开钱塘江自元丰六年(西元一〇八四年)泛溢后,潮汐浸淫,比年水势稍改,自海门过赭山即回薄岩门白石一带北岸,坏民田及盐田盐地。若失障御,恐他日数十里膏腴平陆,皆溃于江,下塘田庐莫能自保,运河中绝,有害漕运。诏亟修筑。七年(西元一一一七年)知杭州李偃乞依六和寺岸用石砌叠,从之。绍兴(西元一一三一至一一六二年)乾道(西元一一六五年至一一七三年)中屡命有司修戢。淳熙元年(西元一一七四年)江堤再决。嘉熙二年(西元一二三八年)复决。守臣赵与权乃于近江处所先筑土塘于内,更筑石塘,水复其故。嘉定十年(西元一二一七年)江潮大溢。明洪武十年(西元一三七七年)江水大溢,俱命修筑。永乐中(西元一四〇三至一四二五年)屡经修治。成化八年(西元一四七二年)沿江堤岸倾圮特甚,乃命工部侍郎李顒相度经理,堤岸一新,百年以来,始无大患。万历三年(西元一五七五年)六和堤岸决,复修治之。嗣后浅沙渐积,江湖稍缓。"

据是则唐宋两朝,江水犹盛,有明中叶,水势渐缓,以至于今,溃堤决防之祸,不数数闻矣。虽曰相度经理,亦与有功。而千有余年以来,水准之变迁,亦大略可考。自唐以前,记载虽阙,以事理度之,水势当昔盛于今,固无疑也。陈于其地置钱唐郡。隋废郡,置杭州。然其初独治余杭,(在今杭州西北六十里)开皇十年(西元五九〇年)始改治钱唐。此亦水势东下之证。唐宋之间,江潮既时时突城,则隋唐以前,既无城障,水势又盛,则必更上而突西湖,亦无疑也。故记载之,有西湖,虽若始于汉,然其时必随潮出没,潮上而湖没,潮下而湖见,殆犹在若有若无之间耳。其在汉以前,更无论矣。故论西湖之生成年代,似不当仅以淤垫之久远为断,尤当以水准之变迁始于何时为衡。水准殆亦无时不变迁者,惟我国自有史以来,江浙闽,沿岸水线,显有东退之迹。征诸记载,殆不诬也。就杭州湾言,顾氏《方舆纪要》云,"海宁县西南五十里有赭山。其对岸相峙者曰龛山,属萧山县界,横江截海,谓之海门,为控扼要害。"又萧山县下云,"龛山旁有小山曰鳖子山,江出其中,故有鳖子门之称,亦曰海门,为钱塘之锁钥"。今开赭龛二山,皆在江南岸,而海门已淤为陆地矣。且江之南岸一带海塘,皆明季次第增筑。《方舆纪要·余姚县》下云,"郡志永乐(西元一四〇三至一四二五)初,海潮渐却,沙壖坌起,因于旧海塘北增筑新塘,以卫斥地。既而决,壖广十余里。成化中(西元一四六五至一四八六)稍为风涛荡决,复于海口筑塘曰新御湖塘。"是则明季约数十年间,海涨退却甚速,章章甚明。使以此例推之既往,水准之变迁,当不难比较而得。则虽谓西湖成于有史时代以后,殆非过论也。

近人率以我国东南沿岸水线下退,为地盘上升之证,其说亦非无据。然水线变迁原因,学者颇多异议。西历十九世纪之初,波甫氏(Buch)力主地盘升降说,颇为学者所重。至本纪末叶,裘司氏则谓水准变迁,由地球自转速度之变化而起。自转速度大,则水为远心力而集于赤道地方,自转速度小,水复移向于两极云。德国地形学家品克氏(Penck)又谓两极地方冰雪增加,则地球之重心为之移动,而水准亦当受其影响。盖冰雪即海水一部之所寄集者也。然近年亦非无仍主地盘升降说者。然以理度之,地盘上升,与海底下降,皆足以使海水退下,而水准自当随之而移动,亦或陆升海降,二者同时并行,此固非得仅一隅之事实以为之判断者也。然,果能就西湖之所见,更按诸学理,进而求之,则亦或能树立一解,其所贡献于我国学术界者,不綦重欤。

浙江之矿产

朱庭祜　郝颐寿

矿产为天赋宝藏，举凡一切重工业之推进，与国防利器之成功，莫不赖是，而吾人日用品所需之各种原料，亦大半来自矿产，其关系之重，自不待言。故近代各国对于矿业，无论其为学术上之研究，或采炼推销等事，均极注重，国势之强弱，恒视其国矿业之盛衰为依归。反视我国，虽称地大物博，而数千年来，专尚农业，矿埋地内，鲜有开发，及至近世，始知改革，矿业调查，日渐进展，投资开采者，亦不乏人。惜因交通不便，调查者犹未能穷其奥蕴；机械及电力不足，开采者亦难尽量利用；且推销不易，往往将原料供给外人，其未能达到地尽其利，物尽其用之目的，而有待于逐步改进者，至多且急。浙省矿产，或已发现而未调查及调查而未详尽者，不能例外。矿业或墨守成规，不知改进；或耗费巨资，收效极微；有待于当轴之利导及服役于矿业者之策励也亦多。本校既居是域，同人于研习一般学业之外，对于其省内矿产，必甚关切，故将研究所获，略述梗概。其或于矿产有特殊兴趣，而愿共同研究者，所欣幸焉。

先后调查浙省矿产之专门学者，凡二十余人。其报告与研究结果，散见于实业部地质调查所、两广地质调查所、中央地质研究所、浙江矿产事务所、西湖博物馆等处出版之刊物中，兹因限于篇幅，不克详叙其颠末。惟据记载所及，非金属与金属矿产，均各有其分布。非金属如弗石、煤、印章石、磁土、陶土及粘土、石灰石与大理石、笔铅、石煤、水晶、黄砂、云母及花岗岩、海盐等矿；金属如铝（矾石）、钼、锰、钴、锑、铅、锌、铜、锡、铁、银、金等矿；皆有所发现。但其中有经调查与估计者；有已经详细研究者；有曾经开采而现存其遗迹者；有虽发现而不明其情况者。要之，证诸已知之事实，除弗石、矾石及印章石等，为本省特著之矿产外，余则不占若何重要位置。然其中或因调查未周，致较丰富之矿床，无由发现；或因研究未详，而开采工作，无从进展；此等情形，盖居多数。故本省矿产，颇难以简括之词，概述其要点。兹姑择其著名之重要矿产，依据曾经研究之结果，比较而序述之，藉明各种矿产分布之大略，成矿作用之环境，储量产额之估计，销路开采之情形，以供关心斯途者，作一综合之参考而已。

弗石矿

弗石或名萤石，于金华、义乌、武义、临安、吴兴、永康、浦江、常山、江山、龙游、诸暨、新昌、嵊县、鄞县、象山、青田、丽水、遂昌等十八县，均有发现。以分布面积之广，自有相当藏量，故居吾国重要位置，约占百分之九九·六以上，其中以武义、义乌、金华为著。至矿质方面，依浙江矿产事务所之分析，在其调查区域内所采集之标本中，钙氟之含量，最高有达至百分之九六·〇三者，亦有低至百分之五四·一九者。又所产弗石，绿、紫、黄、白诸色均备，中以浅而透明，巨块而无裂缝者为上品，售价颇昂，以其可作透镜及假绿宝石之用；品质稍次者，可雕为玩具或装饰品；氟质丰富者，则专供制氟酸及化冶工业作熔剂之用。售价亦不一，在杭州市价，普通每吨自八元至二三十元不等，最优者，每吨售至一百五六十元云。故弗石之价值，不仅视其化学成分之纯洁，且须依其物理性质而定。

至产生状况，据燕春台、高平二君先后调查所得，弗石矿多生于流纹岩中，有时亦发现以凝灰砾岩或砂岩为其围岩者。大致呈脉状，脉之宽度长度均不一致，且多与层面相垂直；脉之下部，仅发现巨量石英与之共生；有时亦有完全生于巨大之石英脉内者。惟常山西乡七都，有一矿脉，下部为方铅矿。又舒文博君谓临安、公山弗石矿，因其附近石灰岩显有变态，似有潜伏之侵入岩。观上述情形，弗石矿之成因，想系流纹岩因冷凝时之收缩与褶绉影响，发生平行走向之裂隙，弗石脉因而填置其中，其来源似与花岗岩岩浆侵入有关；至于与石英共生者，乃弗石与石英之凝点有别，呈先后次第凝结之现象；又下部有金属矿床者，成因亦与石英相若；至生于巨大石英脉中者，乃石英先凝结于两壁，弗石继凝结于遗留之裂隙内。凡此情况，似为热液浅成矿床无疑。

浙省弗石开采，历史较长，始于民国六年，曾于八九年停顿，十年恢复。初则年仅产五百英吨，至民十七年，则为一万二千英吨，推为极盛时期。其销路大半售于日本，又售价亦为日人所操纵，吾国矿商，因资本不充，难于抵抗，致于民国二十年后，产额渐减，据闻每年产额如超过八千英吨，即有供过于求之虞，售价必跌云。

依浙江矿产事务所之估计，全省弗石储量，在世界上亦占相当位置，兹据燕春台君调查武义境内二十四矿区之估计储量总数，约在一百五十四万公吨以上，不可谓不富矣。又开采者，每因弗石脉与流纹岩层面垂直之故，多用露天开采法，恒沿山坡自上而下，逐步开掘，不需支柱抽水之费，间亦有例外者。矿主又采包工制，按采取矿石多寡而给资，故可不费分文，而坐享其利。观此弗石开采，颇有希望，既可备工业上应用，更可供给他邦之缺乏，洵可贵也。

煤 矿

浙省煤矿，分布于江山、常山、寿昌、新登、衢县、诸暨、兰溪、桐庐、长兴、义乌、新昌、宁海、吴兴、建德、定海、天台、鄞县、于潜等县。煤之种类，褐煤、烟煤及无烟煤等类，均有发现。据浙江矿产事务所化验结果，固定炭有高至百分之八一·四八者，亦有低至百分之一七者。故煤质以江山为佳，而开采产量，则以长兴为著。中经详细调查者，仅长兴煤田，兹将其大概情形，略述于下：

长兴煤田，位于长兴县城西四十五里之合溪乡，据计荣森君调查，煤系大部为浮土所覆，露头甚少，所可见者，仅四亩墩、大煤山、稻堆山等区域，稍有发现。大致观之，长兴煤系，可分上中下三部：（一）上部包含主要煤层以上之黄砂岩、灰页岩等层，而黄砂岩中，富产腕足类化石，故应属海相；（二）中部即主要煤层，灰色或青灰色页岩及细砂岩等，间夹黄或黄灰色砂岩，成晶片状，且有石油流出；（三）下部为灰白色砂岩及页岩，有时呈黄红色，且含细薄煤线；中下两部均属陆相沉积。至煤田总储量共约 15 648 740 吨，总可采量为 11 521 625 吨。由砂岩中流出之油苗，初发现时，颇足令人注意，后经谢家荣、王竹泉两君之研究，谓系与煤层同一成因之植物堆积，经挤压蒸馏而成，故属局部现象，无重大价值云。

长兴煤矿于民元时，即由刘长荫创办，后迭经改组、停顿、官办及复归商办之数度变更，近交宁益银团接办，规模日渐扩充，工人数达五千，日可产煤六百吨。其性质固定炭分多至百分之四〇至四五以上，亦有低至百分之三一有零者；挥发物百分之三〇至三八；灰分百分之一六至三二，最少为九·五三；发热量自七三一八至四四四九卡。以煤质言，实属下乘，惟交通便利，市场邻近，开采前途，较有希望也。

又衢县、江山、常山一带之煤田，乐森寻君亦曾调查，据其结果，煤系厚达二百五十公尺，中以砂岩为主体，煤层厚薄不均，变化颇不规则，储量难以估计。惟煤质尚佳，固定炭有至百分之六六者；但其灰分太高，有达百分之四九者。又常山境内之煤层，亦曾受剧烈变动，而煤质不佳，更属无甚价值云。

义乌、乌灶煤田，燕春台君曾经调查，谓该处附近高山，多为流纹岩所构成，又流纹岩之上，有红砂岩层，煤系以砂岩为主，石英岩、砾岩为副。煤层与页岩夹于白砂岩内，而成一向斜层，煤层即存于此构造中，且时有断层。至煤质据分析结果，固定炭分尚不低，灰分稍高，且含有水分。储量占计达 1 456 000 公吨。惟该矿水运不便，煤层颇薄，石煤较多，又或隐或现，兼之矿内水多，蓬石疏松，无开采之价值云。

印章石

印章石久已销行国外,其成分包含笔腊石(Pyrophyllite, $H_2Al_2Si_4O_{12}$),绿霞石(Pinite, $H_2KAl_3(SiO_4)_3$)及块滑石(Stealite, $H_2Ag_3Si_4O_{12}$)等矿物。该矿产于青田、永嘉、昌化、常山等县,而以青田、昌化二县为著,简述之如下:

青田印章石,产地甚多,以岩垄山、图书山及季山等处为著。据叶良辅君之研究,谓其中矿物以笔腊石为主,间含绿霞石,此外又有红柱石及刚玉与之共生。就所集标本,系显微镜下考察,此种笔腊石系由流纹岩或凝灰岩逐渐变质而成,其变化程度之深浅,各级均甚显明。其成因,似属中级高温溶液与火山岩互起变化之结果。至所产笔腊石,色泽与结构,均不一致,故名目繁多,以外形如玉,质柔而栗者为佳,可刻图章,亦可琢玩器,名曰冻石,故有青田冻石之称。至开采年代已久,初销欧洲,继销日本,近则销售美国。青田山口附近,有美利公司经营出口事项,每年所产,约值一二十万元云。

昌化之印章石,普通称玉石,以鸡血石为最佳。据庭祐研究,乃因花岗岩侵入体而发生接触变质作用,致接触带之岩质,呈浅红及暗紫色,质细而坚,兼含长石及石英细粒,至玉石多呈白色扁圆体,包在变质岩内,长自数寸至尺余不等。又有暗紫色或红色,以朱红色为最美,有似鸡血,故名鸡血石。按其中矿物,白色者,则石英方解石之集合体;鸡血即朱砂矿;暗紫或浅红色者,即为非晶体之赤铁矿是。

明矾石

产于平阳县境,据叶良辅、李璜、张更三君之研究,谓该处矾石,可依其矾化程度之高低而分为五类。第一类,外形与岩石相似,而于显微镜下观之,已经矾化;第二类至第四类,则为矾化流纹岩或凝灰岩,惟其矾化程度,有逐渐变化之势;第五类则为明矾石,然仍含有石屑与氧化铁之细粒。观此可知矾石纯由流纹岩或凝灰岩之溶液变质而成,与青田印章石之成因相等。至硫酸与水分,为矾化作用之要素,而其来源,则为斑晶之侵入。储量约有二十万万吨,可制明矾二万万五千万吨,为世界各国冠。至成分,经分析结果,铝二氧三有达百分之三八·二四者,亦有少至一九·〇九者;硫氧三自百分之二六·一〇至一六·〇〇。其用途不仅可制明矾,且可制取苟性肥料,苟性钾及矾土,而矾土又可提铝,故为国防矿产之一,其价值可知。惜我国制法不良,开采未免弃材,化学家宜速筹精良之制法,庶可尽量应用此宝贵稀有之矿产,以达地尽其利之目的也。

钼 矿

产于青田、昌化、诸暨等县,尤以青田、石平川为著。据孟宪民君之研究,该处钼矿之围岩为花岗斑岩(Granite Porphyry),其边际与石英斑岩(Quartz Porphyry)相邻。呈含钼矿之石英脉状,更有煌斑岩脉(Lamprophyric dike)与之相近,显系花岗岩侵入影响而发生变质之现象无疑,惟与石英脉之关系,尚未明了。至含钼矿石英脉中所含之矿物,主要者为石英及辉钼矿(Molybdenite,MOS_2),又有黄铁矿(Pyrite,FeS_2)、白云母(Muscovite,$H_2KAl_3Si_3O_{12}$)、钼华(Molybdite,MOO_3),及其他矿物等十余种与之共生,其生成当以石英脉为最早,黄铁矿次之,辉钼矿又次之,至白云母则最迟,而钼华则属次生者。矿质系由石英脉溶液经分化而成。观此似属溶液与花岗斑岩所生之一种交换中级矿床。钼之重要用途,为制钼钢,质坚耐久。又他种钼盐,可作化学药品及颜料等用,其重要可知。该矿曾经开采而旋即停止,矿量未加详勘,据张铮、宋雪友两君之调查,就石平川与孙武坑二处露头,依其脉之体积,含硫化钼矿之成分及比重,并依当时硫化钼之市价估计其价值,蕴藏已达三百万元之富,若加以详细钻探,恐不止此数云。

铁 矿

包含赤铁矿、磁铁矿、磁铁砂及黄铁矿等四类:赤铁矿产长兴、建德、余杭、杭县、青田、遂昌等县,磁铁矿产宁海、淳安、象山、遂昌、临海、缙云、定海等县;磁铁砂产青田、丽水、云和、宣平、遂昌、平阳等县;黄铁矿产青田、丽水、松阳、遂昌、诸暨、遂安等县。产地甚多,但中经详细调查研究者甚少,或为量甚微,故无重大价值。惟以遂昌、冶岭头之黄铁矿,较有希望。而黄铁矿又可制提取硫黄,供工业上之应用。兹择要者述之于后:

长兴李家巷附近之铁矿,李殿臣、王镇屏二君曾经调查,据其报告所得,谓该地发现露头计有五处,中以土王洞及景牛山二处为著,余即含量甚少,不足称述。按土王洞与景牛山两区之铁矿,均居石英砾岩之间,似属高温交换作用之矿床,前者矿石以褐铁矿为主,赤铁矿、辉铁矿次之,磁铁矿最少;后者矿石以赤铁矿、磁铁矿为主,褐铁矿次之。至矿量估计,土王洞约为 1 080 000 公吨;景牛山为 4 050 000 公吨。

据庭祜调查,建德、淳安二县交界之西铜官村、铁山坞、下湾等处,亦产铁矿。该矿生于接触变质带内,乃花岗岩侵入于千里冈砂岩及飞来峰石灰岩之所致。其铁质系由花岗岩分泌而出。似属接触变质矿床无疑。矿石以赤铁矿为多,黄铁矿与磁黄铁矿,亦有发现,又锰质间含少许。至成分铁之总量,约在百分之五十二以上。惟此矿既以花岗岩为母岩,其储量当不富,估计约有二百余万公吨。又据李陶、金维楷二君报告,西铜官村铁矿储量三百八十余万吨,含铁成分,自百分之六十八至四十六,尚属优良云。

此外青田之赤铁矿,遂昌之磁铁砂,云和、丽水、宣平、青田等县之磁铁矿。据燕春台、李陶、金维楷三君先后调查结果,或为量甚微,或含铁成分太少,故无经济价值,至其产状,悉与花岗岩有关云。

黄铁矿产于青田及丽水境内者,据燕春台君调查,谓该矿常呈脉状,产于凝灰岩或花岗岩内,有时亦与磁铁矿共生,矿脉甚狭。又据李陶、金维楷二君报告,开化发现黄铁矿多处,或为昔日开采之遗迹,脉在石灰岩中,惟因脉细无大价值。又遂昌冶岭头有黄铁矿散布地面,又有赤铁矿所成之铁帽,附近有流纹岩似亦为石英脉之成于流纹岩者,惟该处矿质,较有希望云。更据高平君调查,谓诸暨之黄铁矿,有成球状产于飞来峰石灰岩内,天台与新昌交界之大同山亦有产于花岗岩于流纹岩之接触带中者。至于详细情形,尚有待于后来研究也。

总上所述,弗石矾石,均为浙省主要之特产,在吾国亦占最高位置,而明矾石尤为世界各国所稀有之矿床,实属可贵。印章石虽仅为文人玩赏,但其成因,颇足供科学上之研究。至煤、钼、铁等矿,固具经济价值,但为量既不丰富,而矿质又不甚优,自无大规模开采之希望。至于其他各种矿产,固未经详细研究,其情形不能臆断,即有调查发现之记载者,亦觉其产量甚微,不足重视。然在矿产贫瘠如吾国,浙省宝藏,实不宜忽视也。

浙江青田县之印章石（节选）

叶良辅　李璜　张更

引　言

我国之印章石有寿山、昌化、广绿、青田诸称。物质未必尽同，产地亦各有异。其流行于欧洲也久矣，故外人之分析我国印章，早在一八四八年寿山、昌化、广绿诸地，已经国内学者相继视察，而青田一隅则未经研究。民国十八年冬，良辅与张演参有欧南之行，乘机而往，亦称幸矣。

按外人之称，我国印章石概括三种矿物：笔腊石（Pyrophyllite，$H_2Al_2Si_4O_{12}$），披纳脱，一名绿霞石（Pinite，普通由堇青石或长石变化而成，其主要成分类似白云母 $H_2KAl_3(SiO_4)_3$ 而成块状）及块滑石（Stealite，$H_2Ag_3Si_4O_{12}$）是也。此次所得青田标本，为数不下半百。据详细研究以笔腊石为主，惟季山所产有紫地白斑者，此种斑纹内容，则类似绿霞石。此外有共生矿石，如红柱石、刚玉之类。查其生成历史，则中级高温熔解与大山岩互起变化而成。内容结构皆复杂微细。故印章不独可供文人鉴赏，亦足以供科学研究。经济值虽小，每年产值银亦不下一二十万元。

地形和地质

瓯江在永嘉以下，河流宽自二千二百余公尺以至一千公尺，河谷宽畅。自永嘉以上，流宽率在七百五十公尺以下。两岸为五百公尺以上的高山，山坡比较峻峭，河谷窄。自此而上流清而水浅，沙洲梗阻，航运不便。又廿五里至青田县城，河流宽度减至五百公尺，河谷更窄。但青田城下，河谷犹较称宽畅，盖四周为粗粒花岗岩之区域，风化较烈。山高辄在三百公尺左右，山坡平缓。稍南即大山连绵，高在五百与七百公尺之间，溪间之水往东北流入瓯江，故山脊方向大致由西南而东北。当今印章石之产地，可分东南与西南两区，前者为山口与方山,后者名季山。由山口而北,有溪入江,长十五里,可浮竹筏以资转运。入城,则在村北六里之油竹,西北逾石郭岭,相距亦十五里,由县城往季山必经泥湾、亚大、罗店、黄龙山先至大岭阜,再经坑口、金竹坪达季山。大岭阜距城约三十里,道路崎岖,其地位于(凝灰岩带)岩石风化较深,故山势低缓,地形空旷。由大岭阜至季山,十五里道路虽小,尚称平坦。

著者此行,先由县城至山口,及由山口西行经大安、下陈冯坪、半坑、小岭而至大岭阜,再由大岭阜达季山,道路难行。

在此一千五百方里之内,地质简单。构成山脉主体者,为流纹岩与凝灰岩层,倾向大至东南,倾角十度至二十度。但局部变迁在所不免焉。然于此流纹岩系者,有花岗岩与二长岩及基性岩。酸性岩侵入于流纹岩系,基性岩又侵入于酸性岩内。基性岩之小侵入体,只见于青田城北与半坑附近。兹就是各岩内按次详述于下:

(一) 流纹岩、凝灰岩系

本系岩石大致倾向东南,愈在东南者层位愈高。由山口登岩垄(近来产印章石最多之地)首有暗紫色流纹岩,其内富于圆形或半圆形之微晶体;次为灰白色流纹岩,流纹清晰;再次又为球状流纹岩,其中(圆球有大至一公分者)石英为核,肉眼可辨,于是有深灰黑色之斑岩,流纹不显著。经过显微镜研究后,知为已经要化之斑岩。斑晶有长石与黑云母两种,而无石英,长石性质殊难辨别,内中方解石颇富,显系变化而成之次生矿物。笔腊石亦有其迹踪,且含磷灰石与黄铁矿特多。其上即为笔腊石,其纯洁光滑适于雕刻者,取为印章石。自下而上流纹岩厚约二百余公尺。在山口附近,岩层倾向东南以至正东或东偏北,倾角由十度至二十度。

就层序而言,厚层流纹岩居于上,总厚约一千三百公尺。流纹岩夹凝灰岩处于下,露头厚不下三千五百公尺。按岩石分布情况而论,笔腊石既由流纹岩系变成,山口笔腊石之母岩与季山石之母岩应未必尽同,已可想见。

(二) 酸性侵入岩

酸性侵入岩体计见四区。a. 青田城四周,b. 山口南六里之上庄,c. 小岭西首,d. 坑口西南。a 区东西长约六公里,南北宽约四公里,为花岗岩晶粒均匀与普陀式花岗岩相类。至该侵入体之中部与北部,晶粒微粗亦尚称均匀。在城北四里之石桥村桥下,见花岗岩与流纹岩相近处,有边部岩石,属石英斑岩类者。b 区范围较小,宽只二公里,长约四公里,南北长而东西窄。岩石灰白,黑色矿物稀少,据镜下研究属石英二长岩。在上庄附近,流纹岩与二长岩接近者已经被石英所交替并发生鳞云母黝辉石等矿物。产于 c 区者，似成侵入层，露头窄小，属普通花岗岩。属 d 区者，亦成侵入层，夹于流纹岩之间，高踞岩垄，约在二百公尺处。因路旁见其碎块，始追寻得之。层长约百余公尺，厚约十余公尺。岩石微呈斑状，色红黄，多气孔。在显微镜下研究之，知为花岗岩，内含弗石细粒。

（三）基性岩

基性岩色深黑，岩脉宽自数寸以达尺余，长自数尺以至丈余。在青田城北石桥村涧中，侵入于花岗岩内，蜿蜒如长蛇。在小岭东五里之半坑溪，亦有类似之基性岩脉，侵入于流纹岩中。产于城北者煌斑岩，结晶微细，非肉眼可辨。

笔腊石之产状与其种类

在山口岩垄与方山白垟两边处，笔腊石与流纹岩同属一体，在实地上殊为明晰，结构外貌尚有类岩石者，而其内容经镜下研究，已经尽变为笔腊石。产于季山者，由凝灰岩或流纹岩逐渐达于笔腊石，不独外貌有由此而彼，逐步变迁之态，即内容情况亦复若是。故笔腊石由流纹岩变质而成，实不容有疑义，正如浙江平阳之矾石由系岩石变质而成者，如出一辙。

按色泽之不同，结构之粗细，青田笔腊石种类繁多。其石如玉，质柔而栗者，宜刻图章，亦可琢玩器，名曰冻石。青田冻石以灯光为无上之品。他如鱼脑冻、酱油冻、松花冻、风门青、风门蓝、松皮冻、紫檀冻诸称，皆昔时鉴赏家按石色石纹摩拟而得，同类品质未必常有，即今日尚有之，恐非比较原物不能知其名矣。

兹姑就实地所采标本，言其种类之殊异如下：山口岩垄近产白石最多，紫岩次之。所谓白石者，颜色微黄，紫岩则暗紫，皆细洁纯滑，可供刻料。尚有色红而兼微黄，内含蓝钉。质粗而不适刀法者，但其矿物性质仍属笔腊石。纯者不过夹于未纯者之一部份，由此及彼界限不清，无一定生产规则，故采取颇难，方山白垟产者仍以白石为主，但微黄之质兼染黑纹或棕红纹，异色者范围较广，即为黑石与红石，但纯一者不多见，往往彼此兼顾，无可分析，其稍坚硬不适雕琢者，有时含蓝钉或蓝带，亦有含金星者，即黄铁矿之细粒是也。季山产者即所谓紫檀冻。紫色之质，卒以微黄之斑。斑之大小不一，大者极稀。琢者每比此微黄之冻作葡萄、竹叶、菊花之料，而以紫质充树干顽石，故黑白分明，颇为美观。季山中微黄之冻往往有成细脉者，琢刻而成之器皿，时或经过烘焖，色泽能分外鲜明，盖水分减少故也。

因颜色多寡分配之殊，品类乃繁，然则色之来由不可不考。按显微镜下研究时所见，凡深黑或紫黑者，内含钛铁石（矿物成分为 $FeTiO_3 \cdot nFe_2O_3$），且已经变化为红色氧化铁

（Fe_2O_3）及灰黑色之非晶质，常称为白腊石（Leucoxene）者是也。其旁偶有一二钛铁（TiO_2）晶体。

总 述

1. 笔腊石确由流纹岩与细凝灰岩变化而成，原岩结构犹有迹踪。石英斑晶稀少，有则明洁，且经溶蚀。长石斑晶悉变为笔腊石或绿霞石，惟有板状形态，藉资推断，铁镁矿物更稀少，只有长柱形，而实质已变为氧化铁。

2. 笔腊石多成细鳞片形，其由斑晶变成者，往往成粗丝状，有笔腊石处每有石英，或为细粒或成隐晶质。纯粹者，鳞片微细均匀质净，氧化物稀少。

3. 由石屑变成之笔腊石，似有团聚成块之趋势。

4. 色白质纯之笔腊石与绿霞石，有成脉线与块状者，或穿割于非纯净笔腊石之间，或与变质火山岩成交换状态。

5. 流纹岩与凝灰岩。变化程度不论深浅，往住含黑色氧化物之细粒或条痕。即纯质之笔腊石中亦多有之。此种氧化物大多为钛铁矿，其旁偶围以白钛矿、锐钛矿。此外尚有红色氧化铁，以皆由钛铁矿氧化分解而成之次生矿物。笔腊石之黑红黄等色，有赖于类氧化物之多寡也。山口产者，有显明之赤铁矿甚富，例如紫白两种笔腊石同时并存者，无明显界限，紫色者，即富于钛铁矿与棕红色氧化铁。

6. 斑晶与石基均变为笔腊石者，石基中之笔腊石，以围绕斑晶而呈流纹，氧化物亦时排成流纹线。

7. 变质凝灰岩有成千枚岩状者，且有纯净笔腊石之脉线与片理平行，正如伟晶岩脉沿变质岩之片理成注入层者然，同时氧化铁亦现流纹结构。可知成笔腊石之时，岩石多有受挤压之势。